KB231062

실전 중국어

김재민·서희명 저

제이앤씨
Publish ng Company

머리말

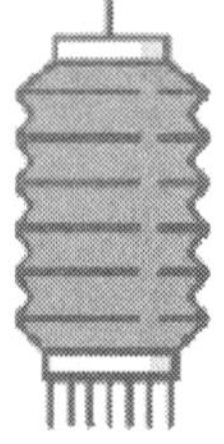

『실전 중국어』는 중국인이 일상에서 사용하는 실용적인 문장을 활용하여 구성하였고, 본문에는 중국 현지에서 겪게 되는 다양한 상황이 반영되어 있다. 본 교재는 중급 수준의 생활 회화를 중심으로 하면서, 한 단계 수준 높은 회화를 구사할 수 있도록 만들어졌다

본 교재는 총 12과로 이루어져 있으며, 각 과는 상용 표현과 본문, 새 단어, 구문 설명, 연습문제로 구성되어 있다. 또한 상용 표현과 본문에 대한 이해도를 높이기 위해 부록에 본문의 해석을 실어두었다.

본 교재는 다음과 같은 특징을 담고 있다.
첫째, 상용 표현과 본문을 통해 실전 회화를 익히는 데 중점을 두었다.
둘째, 학습자들이 사전을 찾아보지 않고도 교재를 활용할 수 있도록, 필요한 단어를 상세하게 실어두었다.
셋째, 어휘·쓰기·작문 등의 다양한 형식을 통해 상용 표현과 본문의 내용을 다시 한번 점검해 볼 수 있도록, 각 과의 끝에 다양한 연습문제를 실어두었다.

본 교재는 재미와 실용성을 두루 갖추고 있어, 실전 회화 학습은 물론 중국어 기초가 있는 학습자에게는 독학의 교재로도 충분하리라 생각된다.

마지막으로 이 책을 출판할 수 있도록 도와주신 제이앤씨 윤석현 대표님과 편집부 최인노 선생님께 감사를 전한다.

2025년 12월

저자

목차

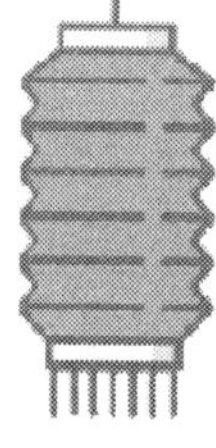

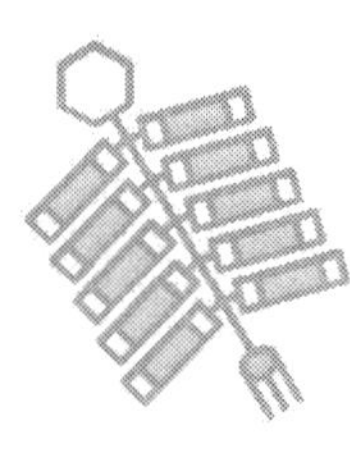  

전화

상용 표현 

1. **请问是李先生吗?**
Qǐng wèn shì Lǐ xiānsheng ma?

2. **请问您现在方便说话吗?**
Qǐng wèn nín xiànzài fāngbiàn shuōhuà ma?

3. **喂，您好，这里是北京公司。**
Wèi, nín hǎo, zhèli shì Běijīng gōngsī.

4. **请问您找哪位?**
Qǐng wèn nín zhǎo nǎ wèi?

5. **他现在不在，请问您有什么事吗?**
Tā xiànzài bù zài, qǐng wèn nín yǒu shénme shì ma?

6. **要不要我帮您留言?**
Yào bu yào wǒ bāng nín liúyán?

7. **方便的时候请您给我打电话。**
Fāngbiàn de shíhou qǐng nín gěi wǒ dǎ diànhuà.

8. **我现在在开会，稍后联系。**
Wǒ xiànzài zài kāihuì, shāohòu liánxì.

9. **您拨的电话无人接听。**
Nín bō de diànhuà wúrén jiētīng.

10. **电话占线，请稍后再拨。**
Diànhuà zhànxiàn, qǐng shāohòu zài bō.

11. **抱歉，信号不好，我听不清楚。**
Bàoqiàn, xìnhào bù hǎo, wǒ tīng bù qīngchu.

12. **您的声音有点小。**
Nín de shēngyīn yǒudiǎn xiǎo.

13. **请您再说一遍。**
Qǐng nín zài shuō yī biàn.

14. **您能发个微信或者邮件给我吗？**
Nín néng fā ge wēixìn huòzhě yóujiàn gěi wǒ ma?

15. **电话好像断了。**
Diànhuà hǎoxiàng duàn le.

16. **我们明天再联系吧。**
Wǒmen míngtiān zài liánxì ba.

17. **我会再打给您。**
Wǒ huì zài dǎ gěi nín.

18. **麻烦您稍后给我回个电话。**
Máfan nín shāohòu gěi wǒ huí ge diànhuà.

19. **谢谢您的来电。**
Xièxie nín de láidiàn.

20. **再见，祝您愉快！**
Zàijiàn, zhù nín yúkuài!

새 단어

请 qǐng	부탁하다, 초청하다
问 wèn	묻다
是 shì	~이다
李 Lǐ	이[성(姓)]
先生 xiānsheng	선생, 씨[성인 남성에 대한 존칭]
您 nín	당신[존칭]
现在 xiànzài	지금
方便 fāngbiàn	편리하다
说话 shuōhuà	말하다
电话 diànhuà	전화
喂 wèi	여보세요
这里 zhèli	여기
北京 Běijīng	북경
公司 gōngsī	회사
找 zhǎo	찾다
哪位 nǎ wèi	어느 분
他 tā	그
在 zài	~에 있다
有 yǒu	(가지고) 있다

什么 shénme	무슨
事 shì	일
留言 liúyán	메시지를 남기다
开会 kāihuì	회의하다
拨 bō	전화를 걸다
无人 wúrén	사람이 없다
接听 jiētīng	전화를 받다
占线 zhànxiàn	통화 중이다
稍后 shāohòu	잠시 뒤, 조금 뒤
信号 xìnhào	신호
不好 bù hǎo	좋지 않다
听 tīng	듣다
清楚 qīngchu	분명하다
声音 shēngyīn	(목)소리
有点 yǒudiǎn	조금
小 xiǎo	작다
再 zài	다시
遍 biàn	번, 회[동작이 시작되어 끝날 때까지의 전 과정을 말함]
能 néng	~할 수 있다
发 fā	보내다

个 gè	개, 명[주로 전용(專用) 양사가 없는 명사에 두루 쓰이며, 전용 양사가 있는 명사에도 쓰일 수 있음]
微信 Wēixìn	위챗
或者 huòzhě	또는
邮件 yóujiàn	이메일
给 gěi	~에게
好像 hǎoxiàng	마치 ~과 같다
断 duàn	끊다, 자르다, 단절하다, 판단하다
我们 wǒmen	우리
明天 míngtiān	내일
联系 liánxì	연락하다
会 huì	~할 것이다
麻烦 máfan	번거롭(게 하)다
回 huí	회신하다
谢谢 xièxie	감사합니다
来电 láidiàn	전화[전보]가 오다
再见 zàijiàn	안녕히 가세요, 또 뵙겠습니다
祝 zhù	빌다, 기원하다, 바라다
愉快 yúkuài	즐겁다

본문 | 상황 1

客人： 喂，请问是金龙酒店吗？
Wèi, qǐng wèn shì Jīnlóng jiǔdiàn ma?

服务员： 是的，请问您有什么需要吗？
Shì de, qǐng wèn nín yǒu shénme xūyào ma?

客人： 我想确认我预订的房间。
Wǒ xiǎng quèrèn wǒ yùdìng de fángjiān.

服务员： 好，请问您订的是哪一天入住？
Hǎo, qǐng wèn nín dìng de shì nǎ yī tiān rùzhù?

客人： 是明天晚上。名字是李明。
Shì míngtiān wǎnshàng. Míngzi shì Lǐ Míng.

服务员： 好的，李先生，您预订的是一间单人房。
Hǎo de, Lǐ xiānsheng, nín yùdìng de shì yī jiān dānrénfáng.

我们已经为您保留了。
Wǒmen yǐjing wèi nín bǎoliú le.

客人： 太好了，谢谢！
Tài hǎo le, xièxie!

服务员： 不用谢，期待您的光临！
Bùyòng xiè, qīdài nín de guānglín!

본문　　상황 2 

客人： **喂，请问这是海洋大酒店吗？**
Wèi, qǐng wèn zhè shì Hǎiyáng dàjiǔdiàn ma?

服务员： **是的，请问您有什么需要？**
Shì de, qǐng wèn nín yǒu shénme xūyào?

客人： **我想预订今晚七点的桌子，四个人。**
Wǒ xiǎng yùdìng jīnwǎn qī diǎn de zhuōzi, sì ge rén.

服务员： **好的，请问您的名字是？**
Hǎo de, qǐng wèn nín de míngzi shì?

客人： **我姓王。**
Wǒ xìng Wáng.

服务员： **好，王先生，今晚七点四人桌已经为您预订好了。**
Hǎo, Wáng xiānsheng, jīnwǎn qī diǎn sì rén zhuō yǐjing wèi nín yùdìng hǎo le.

客人： **谢谢！**
Xièxie!

服务员： **不客气，欢迎光临！**
Bù kèqi, huānyíng guānglín!

| 본문 | 상황 3 |

客人： **喂，请问可以叫一辆出租车吗？**
Wèi, qǐng wèn kěyǐ jiào yī liàng chūzūchē ma?

司机： **可以，请问您在哪里？**
Kěyǐ, qǐng wèn nín zài nǎli?

客人： **我在人民路120号。**
Wǒ zài Rénmín lù yī bǎi èrshí hào.

司机： **好的，请问您要去哪里？**
Hǎo de, qǐng wèn nín yào qù nǎli?

客人： **去机场，谢谢。**
Qù jīchǎng, xièxie.

司机： **好的，出租车马上到。**
Hǎo de, chūzūchē mǎshàng dào.

客人： **太感谢了！**
Tài gǎnxiè le!

司机： **不用谢，请您稍等。**
Bùyòng xiè, qǐng nín shāo děng.

<table>
<tr><td>본문</td><td>상황 4</td><td></td></tr>
</table>

学生A： **喂，您是哪位？**
Wèi, nín shì nǎ wèi?

学生B： **我是小张的朋友，您是417房间吗？**
Wǒ shì Xiǎo Zhāng de péngyou, nín shì sì yāo qī fángjiān ma?

学生A： **错了，这是412。**
Cuò le, zhè shì sì yāo èr.

学生B： **噢，对不起！**
Ào, duìbuqǐ.

学生B： **(拨号) 喂，是417房间吗？**
(bō hào) Wèi, shì sì yāo qī fángjiān ma?

学生C： **对。**
Duì.

学生B： **请问，小张在吗？**
Qǐng wèn, Xiǎo Zhāng zài ma?

学生C： **小张到商店买东西去了，您哪里？**
Xiǎo Zhāng dào shāngdiàn mǎi dōngxi qù le, nín nǎli?

学生B： **我是她的朋友，您知道她什么时候能回来吗？**
Wǒ shì tā de péngyou, nín zhīdao tā shénme shíhou néng huílái ma?

学生C: 不太清楚。您找她有什么事吗？
Bú tài qīngchu. Nín zhǎo tā yǒu shénme shì ma?

学生B: 是的，麻烦您转告她一下，行吗？
Shìde, máfan nín zhuǎngào tā yīxià, xíng ma?

学生C: 可以。请您等一会儿，我去拿个笔和纸记一下。
Kěyǐ. Qǐng nín děng yīhuìr, wǒ qù ná ge bǐ hé zhǐ jì yīxià.

别把电话挂上。
Bié bǎ diànhuà guàshang.

(拿来纸和笔) 好，您说吧。
(nálái zhǐ hé bǐ) Hǎo, nín shuō ba.

学生B: 是这样，小杨请小张告诉小黄，
Shì zhèyàng, Xiǎo Yáng qǐng Xiǎo Zhāng gàosu Xiǎo Huáng,

今晚六点半到小王家里去一下，小王有事找她。
jīn wǎn liù diǎn bàn dào Xiǎo Wáng jiāli qù yīxià, Xiǎo Wáng yǒu shì zhǎo tā.

学生C: 我的天哪，请再说一遍，好吗？
Wǒ de tiān na, qǐng zài shuō yī biàn, hǎo ma?

说慢一点，要不然我记不下来。
Shuō màn yīdiǎn, yàoburán wǒ jì bu xiàlái.

学生B: 小杨请小张告诉小黄，
Xiǎo Yáng qǐng Xiǎo Zhāng gàosu Xiǎo Huáng,

今晚六点半到小王家里去一下，小王有事找她。
jīn wǎn liù diǎn bàn dào Xiǎo Wáng jiāli qù yīxià, Xiǎo Wáng yǒu shì zhǎo tā.

学生C： **好！请问您贵姓，能把您的电话号码留下来吗？**
Hǎo! Qǐng wèn nín guìxìng, néng bǎ nín de diànhuà hàomǎ liúxiàlái ma?

她回来后，我可以让她和您联系。
Tā huílái hòu, wǒ kěyǐ ràng tā hé nín liánxì.

学生B： **我姓唐，电话是3365714转541。**
Wǒ xìng Táng, diànhuà shì sān sān liù wǔ qī yāo sì zhuǎn wǔ sì yāo.

学生C： **好，我一定转告。**
Hǎo, wǒ yīdìng zhuǎngào.

学生B： **多谢了，再见。**
Duō xiè le, zàijiàn.

学生C： **再见。**
Zàijiàn.

새 단어

酒店 jiǔdiàn	호텔
单人房 dānrénfáng	1인실
确认 quèrèn	확인(하다)
入住 rùzhù	입주하다, 숙박하다
可以 kěyǐ	~할 수 있다, ~해도 된다
出租车 chūzūchē	택시
等 děng	기다리다
保留 bǎoliú	보존하다, 남겨놓다
光临 guānglín	왕림(하다)
好的 hǎo de	좋아(요)
谢谢 xièxie	감사합니다
不用谢 bùyòng xiè	천만에요
错 cuò	틀리다
噢 ào	아!, 오! [놀람, 감탄]
对不起 duìbuqǐ	미안합니다, 죄송합니다
纸 zhǐ	종이
转告 zhuǎngào	전하여 알리다, 전달하다
笔 bǐ	필기구
记 jì	적다, 기록하다

杨 Yáng		양[성(姓)]
黄 Huáng		황[성(姓)]
王 Wáng		왕([성(姓)]
慢 màn		느리다
要不然 yàoburán		그렇지 않으면
留 liú		남기다
回来 huílái		돌아오다
唐 Táng		당[성(姓)]

구문 설명 

1 "请问"

상대에게 공손하게 질문할 때 쓴다.

- **请问**是金龙酒店吗?
- **请问**您有什么需要吗?
- **请问**洗手间在哪里?
- **请问**这道题怎么做?

2 "想 / 要"

희망, 의지를 표현할 때 쓴다.

"想 + 동사" : ~하고 싶다

"要 + 동사" : ~하려고 한다

- 我**想**确认房间。
- 我**想**预订房间。
- 我**想**休息一下。
- 您**要**去哪里?
- 我今天**要**见朋友。

3 "请 + 동사"

상대에게 정중하게 요청할 때 쓴다.

- **请**您稍等。
- **请**问您的名字是?
- **请**您等一会儿。
- **请**坐。
- **请**看这里。

4 "在"

사람이 있거나 머무는 장소를 나타낼 때 쓴다.

- 我**在**人民路120号。
- 您**在**哪里?
- 我**在**学校。
- 他们**在**会议室。

5 "别"

'~하지 마라'라는 의미로, 말리거나 금지를 나타낼 때 쓴다.

- **别**把电话挂上。
- **别**着急。
- **别**笑。

연습문제

(1) 다음 뜻에 해당하는 단어를 고르시오.

1. '(전화를) 걸다'
   A. 留言   B. 拨   C. 接听   D. 占线

2. '잠시 기다리다'
   A. 稍等   B. 稍后   C. 再见   D. 声音

3. '안녕히 가세요 / 안녕히 계세요'
   A. 愉快   B. 再见   C. 抱歉   D. 祝

4. '통화 중이다'
   A. 占线   B. 不在   C. 接   D. 好像

5. '(전화) 끊다'
   A. 打电话   B. 接   C. 声音   D. 断

6. '여보세요'
   A. 您好   B. 喂   C. 对不起   D. 拨号

7. '잘 모르다'

    A. 不太清楚   B. 知道   C. 方便   D. 行

8. '(전화번호를) 남기다'

    A. 留   B. 转告   C. 记   D. 拿

9. '번거롭(게 하)다'

    A. 麻烦   B. 可以   C. 帮   D. 找

10. '다시 말하다'

    A. 再说一遍   B. 说慢一点   C. 好吗   D. 说吧

(2) 다음 뜻에 해당하는 단어를 쓰시오.

1. 편리하다   ▷ ______________

2. 메시지를 남기다   ▷ ______________

3. 회의하다   ▷ ______________

4. 마치 ~과 같다   ▷ ______________

5. 걸려온 전화   ▷ ______________

6. 번거롭(게 하)다　▷ ＿＿＿＿＿＿＿＿＿

7. 왕림(하다)　▷ ＿＿＿＿＿＿＿＿＿

8. (목)소리　▷ ＿＿＿＿＿＿＿＿＿

9. 내일　▷ ＿＿＿＿＿＿＿＿＿

10. 즐겁다　▷ ＿＿＿＿＿＿＿＿＿

(3) 본문의 내용에 근거하여 다음 문장을 완성하시오.

1. 小张＿＿＿＿商店买东西去了。

2. 我姓唐，电话是3365714＿＿＿541。

3. 小杨请小张＿＿＿小黄今晚六点半到小王家里去一下。

4. 请您等一会儿，我去拿个＿＿＿和＿＿＿记一下。

5. 别把电话＿＿＿上。

(4) 다음 단어들을 올바른 순서로 배열하여 문장을 완성하시오.

1. (是 / 我 / 小张 / 朋友 / 的)

   ▷ ____

2. (请 / 等 / 一会儿 / 您)

   ▷ ____

3. (小王 / 找 / 有事 / 她)

   ▷ ____

4. (六点半 / 今晚 / 到 / 小王 / 去 / 家里 / 一下)

   ▷ ____

5. (别 / 挂上 / 电话 / 把)

   ▷ ____

(5) 다음 문장을 해석하시오.

1. 麻烦您转告他一下，行吗?

   ▷ ____

2. 我的天哪。

   ➡ ____

3. 能把您的电话号码留下吗?

   ➡ ____

4. 您拨的电话无人接听。

   ➡ ____

5. 她回来后，我可以让她和您联系。

   ➡ ____

MEMO

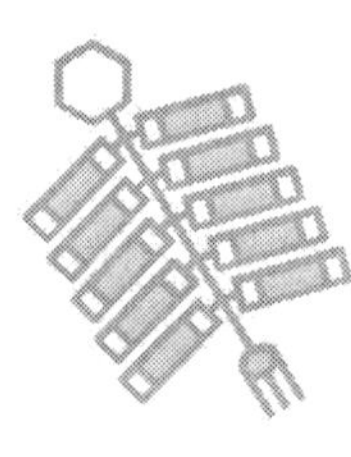

교통

상용 표현 

1. **请问，从这儿到火车站怎么走？**
Qǐng wèn, cóng zhèr dào huǒchēzhàn zěnme zǒu?

2. **下一班车几点来？**
Xià yī bān chē jǐ diǎn lái?

3. **这辆车到市中心吗？**
Zhè liàng chē dào shìzhōngxīn ma?

4. **请问在哪里换乘？**
Qǐng wèn zài nǎli huànchéng?

5. **我要两张地铁票。**
Wǒ yào liǎng zhāng dìtiěpiào.

6. **这条线到机场吗？**
Zhè tiáo xiàn dào jīchǎng ma?

7. **车程大概多长时间？**
Chēchéng dàgài duōcháng shíjiān?

8. **请帮我看一下路线图。**
Qǐng bāng wǒ kàn yīxià lùxiàntú.

9. **我在下一站下车。**
Wǒ zài xià yī zhàn xiàchē.

10. 司机师傅，请您停一下。
Sījī shīfu, qǐng nín tíng yīxià.

11. 机场快线从哪儿坐？
Jīchǎng kuàixiàn cóng nǎr zuò?

12. 这儿可以买到公交卡吗？
Zhèr kěyǐ mǎidào gōngjiāokǎ ma?

13. 请把行李放在行李架上。
Qǐng bǎ xíngli fàngzài xínglǐjià shang.

14. 到终点站再换车。
Dào zhōngdiǎnzhàn zài huàn chē.

15. 我想确认一下到站时间。
Wǒ xiǎng quèrèn yīxià dàozhàn shíjiān.

16. 请出示您的车票。
Qǐng chūshì nín de chēpiào.

17. 这条路现在比较堵。
Zhè tiáo lù xiànzài bǐjiào dǔ.

18. 可以帮我叫一辆出租车吗？
Kěyǐ bāng wǒ jiào yī liàng chūzūchē ma?

19. 航班几点开始登机？
Hángbān jǐ diǎn kāishǐ dēngjī?

20. 请注意保管好您的随身物品。
Qǐng zhùyì bǎoguǎn hǎo nín de suíshēn wùpǐn.

새 단어

站 zhàn	정류장, 정류소, 역
哪儿 nǎr	어디
下 xià	다음, 나중
班车 bān chē	통근 (차), 정기적으로 운행하는 차량
几点 jǐ diǎn	몇 시
到 dào	도착하다, ~로, ~까지
市中心 shìzhōngxīn	시내 중심
换乘 huànchéng	환승하다
地铁 dìtiě	지하철
票 piào	표, 티켓
条 tiáo	가늘고 긴 것을 세는 단위
线 xiàn	노선, 선
机场 jīchǎng	공항
大概 dàgài	대략, 대체로
时间 shíjiān	시간
路线图 lùxiàntú	노선도
下车 xià chē	하차하다
司机 sījī	기사
停 tíng	세우다, 멈추다

快线 kuàixiàn	급행
坐 zuò	타다
这儿 zhèr	여기
公交卡 gōngjiāokǎ	교통카드
行李 xíngli	짐, 화물
放 fàng	놓다, 두다
行李架 xínglǐjià	짐칸, 짐 선반
终点站 zhōngdiǎnzhàn	종점
再 zài	다시
确认 quèrèn	확인하다
到站 dàozhàn	역에 도착하다
车票 chēpiào	승차권, 차표
路 lù	길, 도로
现在 xiànzài	지금, 당장
比较 bǐjiào	비교적, 비교하다
堵 dǔ	막히다
叫 jiào	부르다
出租车 chūzūchē	택시
航班 hángbān	항공편
开始 kāishǐ	시작하다

登机 dēngjī   (비행기에) 탑승하다

注意 zhùyì   주의하다

保管 bǎoguǎn   보관하다

随身 suíshēn   휴대하다, 몸에 지니다

物品 wùpǐn   물품

<table>
<tr><td>본문</td><td>상황 1</td><td></td></tr>
</table>

学生: 请问，去火车站应该坐几路公交车？
Qǐng wèn, qù huǒchēzhàn yīnggāi zuò jǐ lù gōngjiāochē?

市民: 你要坐28路，从这边上车。
Nǐ yào zuò èrshí bā lù, cóng zhèbian shàng chē.

学生: 到火车站要多久？
Dào huǒchēzhàn yào duōjiǔ?

市民: 大概二十分钟。
Dàgài èrshí fēnzhōng.

学生: 下车的地方好认吗？
Xià chē de dìfang hǎo rèn ma?

市民: 很好认，看到大广场就到了。
Hěn hǎo rèn, kàndào dà guǎngchǎng jiù dào le.

学生: 好的，谢谢您！
Hǎo de, xièxie nín!

| 본문 | 상황 2 |

旅客:　　　小姐，请问去市中心坐哪条线？
　　　　　Xiǎojie, qǐng wèn qù shìzhōngxīn zuò nǎ tiáo xiàn?

工作人员:　坐二号线，在前面右边进站。
　　　　　Zuò èr hào xiàn, zài qiánmian yòubiān jìn zhàn.

旅客:　　　我需要买一张单程票。
　　　　　Wǒ xūyào mǎi yī zhāng dānchéngpiào.

工作人员:　一张四块钱。
　　　　　Yī zhāng sì kuài qián.

旅客:　　　地铁里可以换线吗？
　　　　　Dìtiě lǐ kěyǐ huàn xiàn ma?

工作人员:　可以，在'人民广场'站换一号线。
　　　　　Kěyǐ, zài 'rénmín guǎngchǎng' zhàn huàn yī hào xiàn.

旅客:　　　好，谢谢。
　　　　　Hǎo, xièxie.

<table>
<tr><td>본문</td><td>상황 3</td></tr>
</table>

旅客: 师傅，去机场要多久?
Shīfu, qù jīchǎng yào duōjiǔ?

司机: 不堵车的话，大概三十五分钟。
Bù dǔ chē de huà, dàgài sānshí wǔ fēnzhōng.

旅客: 走高速还是走市区?
Zǒu gāosù háishì zǒu shìqū?

司机: 我建议走高速，比较快。
Wǒ jiànyì zǒu gāosù, bǐjiào kuài.

旅客: 好的，麻烦您了。
Hǎo de, máfan nín le.

司机: 机场是T2航站楼吗?
Jīchǎng shì T èr hángzhànlóu ma?

旅客: 对，T2。
Duì, T èr.

司机: 好，到了我会告诉您。
Hǎo, dào le wǒ huì gàosu nín.

본문 | 상황 4

学生:　请问，乘坐国际航班是从这边走吗？
Qǐng wèn, chéngzuò guójì hángbān shì cóng zhèbiān zǒu ma?

服务员:　对，机场税交过了吗？
Duì, jīchǎngshuì jiāo guò lè ma?

学生:　交过了。
Jiāo guò le.

服务员:　请您现在去海关办理出境手续。
Qǐng nín xiànzài qù hǎiguān bànlǐ chūjìng shǒuxù.

(在海关)
(zài hǎiguān)

海关人员:　请您先填一张行李物品申报单。
Qǐng nín xiān tián yī zhāng xíngli wùpǐn shēnbàodān.

学生:　好的。
Hǎo de.

海关人员:　您的护照和机票呢？
Nín de hùzhào hé jīpiào ne?

学生:　在这儿。
Zài zhèr.

海关人员: 这是您的行李吗?
Zhè shì nín de xíngli ma?

学生: 对，这个箱子和手提包都是我的。
Duì, zhè ge xiāngzǐ hé shǒutíbāo dōu shì wǒ de.

(行李托运处)
(xíngli tuōyùnchù)

学生: 小姐，飞往纽约的7348次航班是在这儿登机吗?
Xiǎojie, fēi wǎng Niǔyuē de qī sān sì bā cì hángbān shì zài zhèr dēngjī ma?

海关人员: 是的，请让我看看您的护照和机票。
Shì de, qǐng ràng wǒ kànkan nín de hùzhào hé jīpiào.

学生: 好。
Hǎo.

海关人员: 请把您的行李放在这儿称一下。
Qǐng bǎ nín de xíngli fàngzài zhèr chēng yīxià.

学生: 我的行李是不是和我同机到?
Wǒ de xíngli shì bù shì hé wǒ tóngjī dào?

海关人员: 是的，请您拿好行李标签，把它系在您的行李上。
Shì de, qǐng nín ná hǎo xíngli biāoqiān, bǎ tā jìzài nín de xíngli shàng.

学生: 这个手提包也要放上去吗?
Zhè ge shǒutíbāo yě yào fàngshàngqù ma?

海关人员: 不用了，您可以随身携带。
Bùyòng le, nín kěyǐ suíshēn xiédài.

学生:　候机大厅在哪儿?
Hòujī dàtīng zài nǎr?

海关人员:　从这儿往右拐，经过安全检查门，
Cóng zhèr wǎng yòu guǎi, jīngguò ānquán jiǎnchámén,

您就可以看见了。
nín jiù kěyǐ kànjiàn le.

学生:　我这趟航班在几号门登机?
Wǒ zhè tàng hángbān zài jǐ hào mén dēngjī?

海关人员:　八号门。好了，先生，这是您的登机牌，祝您一路平安。
Bā hào mén. Hǎo le, xiānsheng, zhè shì nín de dēngjīpái, zhù nín yīlù píng'ān.

学生:　谢谢!
Xièxie!

새 단어

学生 xuésheng	학생
应该 yīnggāi	마땅히 ~해야 한다
这边 zhèbiān	이쪽
上车 shàng chē	승차하다
多久 duōjiǔ	얼마 동안
好认 hǎo rèn	알아보기 쉽다
看到 kàndào	보(이)다, 눈에 닿다
大广场 dà guǎngchǎng	대광장
小姐 xiǎojie	아가씨
工作人员 gōngzuò rényuán	직원
二号 èr hào	2번
前面 qiánmiàn	앞쪽
右边 yòubiān	오른쪽
进 jìn	들어가다
需要 xūyào	필요하다
买 mǎi	사다
单程 dānchéng	편도
人民 rénmín	인민, 국민
堵车 dǔ chē	교통체증

高速 gāosù	고속
市区 shìqū	시내(지역)
建议 jiànyì	제안(하다), 건의(하다)
告诉 gàosu	말하다, 알리다
乘坐 chéngzuò	타다
国际 guójì	국제
对 duì	맞다, 옳다
机场税 jīchǎngshuì	공항세
海关 hǎiguān	세관
办理 bànlǐ	처리하다
出境手续 chūjìng shǒuxù	출국수속
先 xiān	먼저
填 tián	작성하다
申报单 shēnbàodān	신고서
护照 hùzhào	여권
机票 jīpiào	항공권
箱子 xiāngzi	여행가방, 캐리어
手提包 shǒutíbāo	핸드백, 손가방
托运 tuōyùn	(운송을) 위탁하다
称 chēng	무게를 재다

标签 biāoqiān	라벨, 상표
拿 ná	잡다, 들다
也 yě	또한, 역시
不用 bùyòng	~할 필요 없다
携带 xiédài	지니다, 휴대하다
候机大厅 hòujī dàtīng	대합실
右拐 yòu guǎi	오른쪽으로 돌다
经过 jīngguò	지나가다
安全检查 ānquán jiǎnchá	안전검사
一路平安 yīlù píng'ān	가시는 길에 평안하시길 빕니다

구문 설명

1 "从"

'~(로)부터'라는 의미로, 시간과 공간의 시작점[기점]을 나타낼 때 쓴다.

- 请问，乘坐国际航班是**从**这边走吗?
- A: 你是**从**哪儿来的?
  B: 我是**从**韩国来的。
- A: **从**什么时候开始不舒服的?
  B: **从**昨天早上开始不舒服的。

2 "往"

'~를 향하여'라는 의미로, 이동을 동반하는 동작의 방향, 도달점, 이동해 가는 곳을 나타낼 때 쓴다.

- 从这儿**往**右拐，经过安全检查门，您就可以看见了。
- A: 去邮局**往**哪边走好?
  B: 一直**往**南走。
- 每天早上**往**车站跑。

연습문제

(1) 다음 뜻에 해당하는 단어를 고르시오.

1. '승차하다'
   A. 上车　　　　B. 下车　　　　C. 走　　　　D. 坐

2. '하차하다'
   A. 上车　　　　B. 下车　　　　C. 放　　　　D. 到

3. '탑승권'
   A. 行李　　　　B. 车票　　　　C. 票　　　　D. 登机牌

4. '공항'
   A. 航班　　　　B. 机场　　　　C. 航站楼　　　　D. 税

5. '환승하다'
   A. 换线　　　　B. 换乘　　　　C. 上车　　　　D. 下车

6. '노선도'
   A. 路　　　　B. 站　　　　C. 路线图　　　　D. 广场

7. '택시'

    A. 出租车   B. 公交车   C. 地铁   D. 快线

8. '(짐을) 놓다'

    A. 拿   B. 放   C. 携带   D. 称

9. '탑승하다'

    A. 登机   B. 走   C. 坐   D. 上车

10. '세관'

    A. 候机大厅   B. 机场税   C. 海关   D. 登机口

(2) 다음 뜻에 해당하는 단어를 쓰시오.

1. (버스, 지하철 등) 차량을 타다   ▷ ______________

2. 하차하다   ▷ ______________

3. 승차하다   ▷ ______________

4. 세관   ▷ ______________

5. (운송을) 위탁하다   ▷ ______________

6. (짐을 직접) 휴대하다 　　▷ ＿＿＿＿＿＿＿＿＿＿

7. 안전검사 　　▷ ＿＿＿＿＿＿＿＿＿＿

8. 택시 　　▷ ＿＿＿＿＿＿＿＿＿＿

9. 노선도 　　▷ ＿＿＿＿＿＿＿＿＿＿

10. 탑승구 　　▷ ＿＿＿＿＿＿＿＿＿＿

(3) 본문의 내용에 근거하여 다음 문장을 완성하시오.

1. 请问，去火车站应该坐几路＿＿＿＿？

2. 我需要买一＿＿＿＿单程票。

3. 可以，在'人民广场'站换一号＿＿＿＿。

4. 我的行李是不是＿＿＿＿我同机到？

5. 请您拿好行李标签，把它＿＿＿＿在您的行李上。

(4) 다음 단어들을 올바른 순서로 배열하여 문장을 완성하시오.

1. (要 / 我 / 坐 / 公交车 / 28路)

   ▶ ____

2. (请 / 看一下 / 帮我 / 路线图)

   ▶ ____

3. (我 / 在 / 下车 / 下一站)

   ▶ ____

4. (去 / 请问 / 市中心 / 哪条 / 坐 / 线)

   ▶ ____

5. (请 / 把 / 放 / 行李 / 在 / 上 / 行李架)

   ▶ ____

(5) 다음 문장을 해석하시오.

1. 请问，去火车站应该坐几路公交车?

   ▶ ____

2. 到火车站要多久?

   ▶ ____

3. 下车的地方好认吗?

   ▶ ____

4. 小姐，请问去市中心坐哪条线?

   ▶ ____

5. 我的行李是不是和我同机到?

   ▶ ____

MEMO

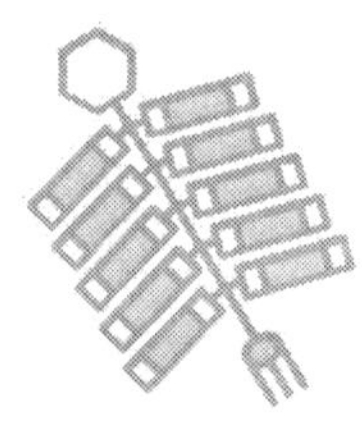

호텔

상용 표현

1. **您好，请问有房间吗？**
   Nín hǎo, qǐng wèn yǒu fángjiān ma?

2. **我想预订一个单人房。**
   Wǒ xiǎng yùdìng yī ge dānrén fáng.

3. **请问房间多少钱一晚？**
   Qǐng wèn fángjiān duōshǎoqián yī wǎn?

4. **我需要一张床。**
   Wǒ xūyào yī zhāng chuáng.

5. **请帮我办理入住手续。**
   Qǐng bāng wǒ bànlǐ rùzhù shǒuxù.

6. **这是我的身份证。**
   Zhè shì wǒ de shēnfènzhèng.

7. **我可以付现金吗？**
   Wǒ kěyǐ fù xiànjīn ma?

8. **房间里有电话吗？**
   Fángjiānli yǒu diànhuà ma?

9. **我想要带浴室的房间。**
   Wǒ xiǎng yào dài yùshì de fángjiān.

10. **请给我一把房间钥匙。**
Qǐng gěi wǒ yī bǎ fángjiān yàoshi.

11. **您住几晚?**
Nín zhù jǐ wǎn?

12. **可以帮我叫出租车吗?**
Kěyǐ bāng wǒ jiào chūzūchē ma?

13. **我想延长住宿时间。**
Wǒ xiǎng yáncháng zhùsù shíjiān.

14. **请问早餐几点开始?**
Qǐng wèn zǎocān jǐ diǎn kāishǐ?

15. **我可以看一下房间吗?**
Wǒ kěyǐ kàn yīxià fángjiān ma?

16. **请问Wi-Fi密码是多少?**
Qǐng wèn Wi-Fi mìmǎ shì duōshǎo?

17. **我的房间太热了。**
Wǒ de fángjiān tài rè le.

18. **请问洗衣服务在哪里?**
Qǐng wèn xǐyī fúwù zài nǎli?

19. **我想退房。**
Wǒ xiǎng tuì fáng.

20. **谢谢您的帮助!**
Xièxie nín de bāngzhù!

새 단어

房间 fángjiān	방
预订 yùdìng	예약하다
单人房 dānrénfáng	1인실
多少 duōshǎo	얼마, 몇
钱 qián	돈
一晚 yī wǎn	1박
需要 xūyào	필요하다
张 zhāng	장[침대·종이 등을 세는 양사]
床 chuáng	침대
帮 bāng	돕다
办理 bànlǐ	처리하다
入住 rùzhù	입주하다, (호텔 등에) 숙박하다
手续 shǒuxù	절차, 수속
身份证 shēnfènzhèng	신분증
可以 kěyǐ	~할 수 있다, ~해도 된다
付 fù	지불하다
现金 xiànjīn	현금
里 lǐ	안, 내부
电话 diànhuà	전화

要 yào	원하다, 요구하다, ~하려고 하다
带 dài	(몸에) 지니다, 휴대하다
浴室 yùshì	욕실
给 gěi	주다, ~에게
把 bǎ	자루가 있는 기구나 한 주먹으로 쥘만한 분량을 세는 양사
钥匙 yàoshi	열쇠
住 zhù	살다, 주거하다, 숙박하다
几 jǐ	몇
叫 jiào	(자동차를) 부르다, (이름을) ~라고 부르다
出租车 chūzūchē	택시
延长 yáncháng	연장하다
住宿 zhùsù	숙박하다, 묵다
时间 shíjiān	시간
早餐 zǎocān	조식
点 diǎn	시[時]
开始 kāishǐ	시작하다
看 kàn	보다
一下 yīxià	잠시, 한 번
密码 mìmǎ	비밀번호
太 tài	너무

热 rè	덥다
洗衣 xǐyī	옷을 빨다, 빨래하다
服务 fúwù	서비스
退 tuì	(장소나 관직에서) 떠나다, 물러나다, 반환하다
谢谢 xièxie	감사
帮助 bāngzhù	도움, 돕다

<table>
<tr><td>본문</td><td>상황 1</td><td></td></tr>
</table>

服务员：　**您好!**
Nín hǎo!

客人：　**您好!　请问有单人房间吗?**
Nín hǎo! Qǐng wèn yǒu dānrén fángjiān ma?

服务员：　**有。**
Yǒu.

客人：　**我要单人房间。**
Wǒ yào dānrén fángjiān.

服务员：　**请填住宿登记单。**
Qǐng tián zhùsù dēngjìdān.

客人：　**这样填可以吗?**
Zhèyàng tián kěyǐ ma?

服务员：　**可以。这是您的房间钥匙，**
Kěyǐ. Zhè shì nín de fángjiān yàoshi,

您住818号房间。
nín zhù bā yāo bā hào fángjiān.

客人：　**好的，谢谢!**
Hǎo de, xièxie!

服务员：　**不用谢!**
Bùyòng xiè!

본문 | 상황 2

客人: **小姐，请问，单人房间多少钱一天?**
Xiǎojie, qǐng wèn, dānrén fángjiān duōshǎo qián yī tiān?

服务员: **六十块钱。**
Liùshí kuài qián.

客人: **有浴室吗?**
Yǒu yùshì ma?

服务员: **有，还有电话、电视和卫生间。**
Yǒu, háiyǒu diànhuà、diànshì hé wèishēngjiān.

客人: **好，我要单人房间。**
Hǎo, wǒ yào dānrén fángjiān.

服务员: **看一下您的证件。请填住宿登记单。**
Kàn yīxià nín de zhèngjiàn. Qǐng tián zhùsù dēngjìdān.

客人: **谢谢! 小姐，我住哪个房间?**
Xièxie! Xiǎojie, wǒ zhù nǎ ge fángjiān?

服务员: **您住518号房间。**
Nín zhù wǔ yāo bā hào fángjiān.

这是您的房间钥匙。
Zhè shì nín de fángjiān yàoshi.

服务员: **再见!**
Zàijiàn!

본문	**상황 3**

客人：　**您好，请问这里是前台吗？**
Nín hǎo, qǐng wèn zhèli shì qiántái ma?

服务员：　**是的，请问您需要办理入住吗？**
Shì de, qǐng wèn nín xūyào bànlǐ rùzhù ma?

客人：　**我想预订一个单人房，今晚入住。**
Wǒ xiǎng yùdìng yī ge dānrénfáng, jīnwǎn rùzhù.

服务员：　**好的，请问您有身份证吗？**
Hǎo de, qǐng wèn nín yǒu shēnfènzhèng ma?

客人：　**有，这是我的身份证。**
Yǒu, zhè shì wǒ de shēnfènzhèng.

服务员：　**谢谢，请您填写一下登记单。**
Xièxie, qǐng nín tián yīxià dēngjìdān.

客人：　**好，我填好了。**
Hǎo, wǒ tián hǎo le.

服务员：　**这是您的房间钥匙，您住518号房间。**
Zhè shì nín de fángjiān yàoshi, nín zhù wǔ yāo bā hào fángjiān.

客人：　**房间里有Wi-Fi吗？**
Fángjiānli yǒu Wi-Fi ma?

服务员：　**有，密码写在房卡上。**
Yǒu, mìmǎ xiě zài fángkǎ shàng.

客人：　**好，谢谢！**
Hǎo, xièxie!

服务员：　**不用谢！ 祝您入住愉快。**
Bùyòng xiè! Zhù nín rùzhù yúkuài.

<table>
<tr><td>**본문**</td><td>상황 4</td><td></td></tr>
</table>

客人 :　您好，我要退房。
　　　　Nín hǎo, wǒ yào tuì fáng.

服务员 :　好的，请问您的房间号是多少?
　　　　Hǎo de, qǐng wèn nín de fángjiān hào shì duōshǎo?

客人 :　我住518号房间。
　　　　Wǒ zhù wǔ yāo bā hào fángjiān.

服务员 :　好的，请稍等，我帮您结账。
　　　　Hǎo de, qǐng shāo děng, wǒ bāng nín jiézhàng.

客人 :　可以刷卡吗?
　　　　Kěyǐ shuākǎ ma?

服务员 :　可以。总共是六百块钱。
　　　　Kěyǐ. Zǒnggòng shì liùbǎi kuài qián.

客人 :　好，我刷卡支付。
　　　　Hǎo, wǒ shuākǎ zhīfù.

服务员 :　谢谢! 祝您旅途愉快，再见!
　　　　Xièxie! Zhù nín lǚtú yúkuài, zàijiàn.

客人 :　再见!
　　　　Zàijiàn!

새 단어

前台 qiántái	프런트, 안내 데스크
需要 xūyào	필요하다
办理 bànlǐ	처리하다, 진행하다
想 xiǎng	~하고 싶다, 생각하다
今晚 jīn wǎn	오늘 밤
填写 tiánxiě	기입하다, 써넣다
登记 dēngjì	체크인(하다), 등기(하다), 등록(하다)
单 dān	물목(物目)이나 사실을 기재한 종이쪽지
好 hǎo	좋다, 알겠습니다
钥匙 yàoshi	열쇠
号 hào	번호
写 xiě	쓰다
房卡 fángkǎ	객실 카드키
不用谢 bùyòng xiè	천만에요
祝 zhù	기원하다
愉快 yúkuài	즐겁다
退房 tuì fáng	체크아웃(하다)
稍等 shāo děng	잠시 기다리다
结账 jiézhàng	계산하다

刷卡 shuākǎ	카드로 결제하다
总共 zǒnggòng	합계, 모두
块 kuài	위안[중국 화폐 단위]
支付 zhīfù	지불하다
旅途 lǚtú	여행
再见 zàijiàn	안녕, 잘 가요

구문 설명

1 "祝"

‘~을 기원하다’라는 의미로, 축복·기원할 때 쓴다.

- <u>祝</u>你生日快乐。
- <u>祝</u>您入住愉快。
- <u>祝</u>您旅途愉快。

2 "一下"

‘좀 ~하다, 시험삼아 해보다, 한번 ~하다’라는 뜻으로, 행동을 가볍게 요청할 때 쓴다.

- 看<u>一下</u>您的证件。
- 请填写<u>一下</u>登记单。
- 我先打听<u>一下</u>。
- 我们商量<u>一下</u>!

3 "还"

‘또, 더’라는 의미로, 항목·수량이 증가하거나 범위가 확대됨을 나타낼 때 쓴다.

- 房间里<u>还</u>有电话、电视和卫生间。
- 除了他们三个以外，小组里<u>还</u>有我。

연습문제

(1) 다음 뜻에 해당하는 단어를 고르시오.

1. '(호텔 등에) 숙박하다'
   A. 退房　　　　B. 入住　　　　C. 办理　　　　D. 预订

2. '퇴실하다'
   A. 退房　　　　B. 入住　　　　C. 结账　　　　D. 帮

3. '예약하다'
   A. 预订　　　　B. 填写　　　　C. 联系　　　　D. 带

4. '객실 카드키'
   A. 房卡　　　　B. 房间　　　　C. 钥匙　　　　D. 证件

5. '몇 박'
   A. 一晚　　　　B. 一天　　　　C. 几晚　　　　D. 号

6. '신분증'
   A. 证件　　　　B. 身份证　　　　C. 登记单　　　　D. 票

7. '작성하다 / 기입하다'

    A. 写   B. 填写   C. 带   D. 留

8. '비밀번호'

    A. 密码   B. 电话   C. 电视   D. 房间

9. '돕다'

    A. 帮   B. 麻烦   C. 服务   D. 联系

10. '즐겁다, 유쾌하다'

    A. 愉快   B. 好   C. 不用谢   D. 可以

(2) 다음 뜻에 해당하는 단어를 쓰시오.

1. 방   ▷ ______________

2. 오늘 밤   ▷ ______________

3. 합계, 모두   ▷ ______________

4. 카드로 결제하다   ▷ ______________

5. 비밀번호   ▷ ______________

6. 객실 카드키　　　　　　　▶ ____________

7. (한) 장[침대, 종이 등을 세는 단위]　▶ ____________

8. 처리하다, 진행하다　　　　▶ ____________

9. 잠시, 한 번　　　　　　　▶ ____________

10. 지불하다　　　　　　　　▶ ____________

(3) 본문의 내용에 근거하여 다음 문장을 완성하시오.

1. 这是您的房间________，您住518号房间。

2. 请您填________一下登记单。

3. 我想________一个单人房，今晚入住。

4. ________您入住愉快。

5. 房间里有Wi-Fi吗？ 有，密码写________房卡上。

(4) 다음 단어들을 올바른 순서로 배열하여 문장을 완성하시오.

1. (您好 / 我 / 要 / 退房)

　▷ ____

2. (请 / 稍等 / 您)

　▷ ____

3. (我的 / 这是 / 身份证)

　▷ ____

4. (这是 / 房间钥匙 / 您的)

　▷ ____

5. (写在 / 房卡上 / 密码)

　▷ ____

(5) 다음 문장을 해석하시오.

1. 请填住宿登记单。

　▷ ____

2. 您住818号房间。

3. 我想预订一个单人房，今晚入住。

4. 总共是六百块钱。

5. 祝您旅途愉快!

MEMO

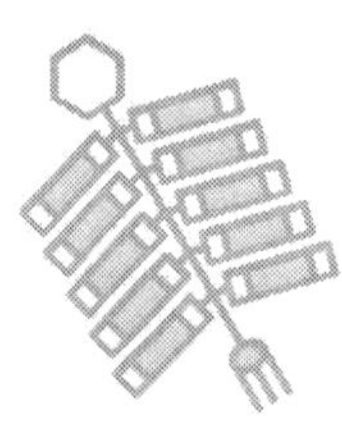  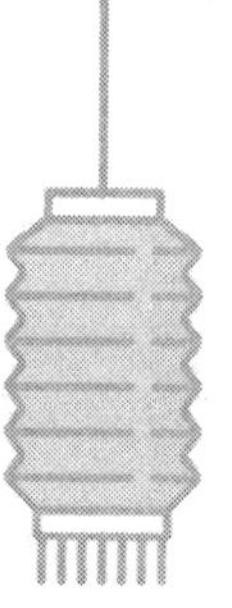

식당

상용 표현

1. **请问有空位吗？**
   Qǐng wèn yǒu kòngwèi ma?

2. **我们要两个人的桌子。**
   Wǒmen yào liǎng ge rén de zhuōzi.

3. **可以给我菜单吗？**
   Kěyǐ gěi wǒ càidān ma?

4. **你们有什么推荐的菜？**
   Nǐmen yǒu shénme tuījiàn de cài?

5. **我要一份宫保鸡丁。**
   Wǒ yào yī fèn gōngbǎo jīdīng.

6. **请给我们来一壶水。**
   Qǐng gěi wǒmen lái yī hú shuǐ.

7. **这道菜辣吗？**
   Zhè dào cài là ma?

8. **我们先要这几道菜。**
   Wǒmen xiān yào zhè jǐ dào cài.

9. **再加一份米饭。**
   Zài jiā yī fèn mǐfàn.

10. 请问什么时候可以上菜？
Qǐng wèn shénme shíhou kěyǐ shàng cài?

11. 我想喝点儿果汁。
Wǒ xiǎng hē diǎnr guǒzhī.

12. 来两杯啤酒吧。
Lái liǎng bēi píjiǔ ba.

13. 大杯还是小杯？
Dàbēi háishi xiǎobēi?

14. 够了，谢谢。
Gòu le, xièxie.

15. 请慢慢来，不急。
Qǐng mànmàn lái, bù jí.

16. 请结账，谢谢。
Qǐng jiézhàng, xièxie.

17. 今天我请客。
Jīntiān wǒ qǐng kè.

18. 您太客气了。
Nín tài kèqi le.

19. 可以刷卡吗？
Kěyǐ shuākǎ ma?

20. 剩下的是（小费），请您收下吧。
Shèngxià de shì (xiǎofèi), qǐng nín shōuxià ba.

새 단어

空位 kòngwèi	빈자리
桌子 zhuōzi	테이블
菜单 càidān	메뉴
推荐 tuījiàn	추천하다
菜 cài	요리
壶 hú	주전자
辣 là	맵다
米饭 mǐfàn	(쌀)밥
上菜 shàng cài	음식을 내다
喝 hē	마시다
果汁 guǒzhī	과일주스
啤酒 píjiǔ	맥주
还是 háishi	아니면, 또는
够 gòu	충분하다
结账 jiézhàng	계산하다
请客 qǐng kè	한턱내다, 손님을 초대하다
客气 kèqi	예의 바르다, 겸손하다, 사양하다
刷卡 shuākǎ	카드로 결제하다
小费 xiǎofèi	팁, 서비스 봉사료

본문 | 상황 1

服务员：　**欢迎光临，请问几位？**
Huānyíng guānglín, qǐng wèn jǐ wèi?

顾客A：　**三位。**
Sān wèi.

服务员：　**好的，请跟我来。这是菜单。**
Hǎo de, qǐng gēn wǒ lái. Zhè shì càidān.

顾客A：　**你们想吃点儿什么？**
Nǐmen xiǎng chī diǎnr shénme?

顾客B：　**我想点一盘红烧牛肉。**
Wǒ xiǎng diǎn yī pán hóngshāo niúròu.

顾客C：　**我来一盘清蒸鱼吧。**
Wǒ lái yī pán qīngzhēng yú ba.

顾客A：　**再来一盘炒青菜和一份鸡蛋汤。**
Zài lái yī pán chǎo qīngcài hé yī fèn jīdàn tāng.

服务员：　**请问主食要什么？**
Qǐng wèn zhǔshí yào shénme?

顾客B：　**来三碗米饭。**
Lái sān wǎn mǐfàn.

服务员： **喝点儿什么？**
Hē diǎnr shénme?

顾客C： **来一壶茶吧。**
Lái yī hú chá ba.

服务员： **好的，请稍等。**
Hǎo de, qǐng shāo děng.

<table><tr><td>**본문**</td><td>상황 2</td></tr></table>

服务员： **请问几位？**
Qǐng wèn jǐ wèi?

顾客A： **四位。**
Sì wèi.

服务员： **这边请。请坐，这是菜单。**
Zhèbiān qǐng. Qǐng zuò, zhè shì càidān.

顾客A： **我们点菜吧。你们想吃什么？**
Wǒmen diǎncài ba. Nǐmen xiǎng chī shénme?

顾客B： **来一盘回锅肉。**
Lái yī pán huíguōròu.

顾客C： **我要一盘炒面。**
Wǒ yào yī pán chǎomiàn.

顾客D： **那我来一盘酸辣汤和两串羊肉串。**
Nà wǒ lái yī pán suānlàtāng hé liǎng chuàn yángròuchuàn.

顾客A： **再来一份小笼包吧。**
Zài lái yī fèn xiǎolóngbāo ba.

服务员： **好的，饮料要什么？**
Hǎo de, yǐnliào yào shénme?

顾客B： **来四杯可乐。**
Lái sì bēi kělè.

服务员： **好，马上来。**
Hǎo, mǎshàng lái.

| 본문 | 상황 3 |

服务员： 先生，请问，几位用餐？
Xiānsheng, qǐng wèn, jǐ wèi yòng cān?

顾客A： 两位。
Liǎng wèi.

服务员： 请坐在这儿。这是菜单。
Qǐng zuò zài zhèr. Zhè shì càidān.

顾客A： 谢谢！（对顾客B）你来点吧。
Xièxie! (Duì gùkè B) Nǐ lái diǎn ba.

顾客B： 不客气，我吃什么都行。
Bùkèqi, wǒ chī shénme dōu xíng.

顾客A： 那我们先来一盘盐水鸭和一盘素什锦，
Nà wǒmen xiān lái yī pán yánshuǐyā hé yī pán sùshíjǐn,

再来一盘鱼香肉丝、一盘宫爆鸡丁、
zài lái yī pán yúxiāng ròusī、yī pán gōngbào jīdīng、

一盘麻婆豆腐和一盘蘑菇青菜。
yī pán mápó dòufu hé yī pán mógu qīngcài.

服务员： 请问，要大盘还是要小盘？
Qǐng wèn, yào dàpán háishi yào xiǎopán?

顾客B：　**我想小盘就夠了。**
Wǒ xiǎng xiǎopán jiù gòu le.

服务员：　**主食吃什么？**
Zhǔshí chī shénme?

顾客B：　**两碗三鲜炒饭。**
Liǎng wǎn sānxiān chǎofàn.

服务员：　**喝点儿什么？**
Hē diǎnr shénme?

顾客A：　**来点儿饮料吧。**
Lái diǎnr yǐnliào ba.

顾客B：　**（看饮料单）来点儿啤酒，怎么样？**
(kàn yǐnliàodān) Lái diǎnr píjiǔ, zěnmeyàng?

顾客A：　**来两瓶吧。**
Lái liǎng píng ba.

服务员：　**好的，先用茶，请稍等。**
Hǎo de, xiān yòng chá, qǐng shāo děng.

본문 | 상황 4

A: 怎么样？ 吃饱了吗？
Zěnmeyàng? Chī bǎo le ma?

B: 我今天真是酒足饭饱，比食堂好吃多了。
Wǒ jīntiān zhēnshì jiǔzú fànbǎo, bǐ shítáng hǎo chī duō le.

A: 再喝点儿吧。
Zài hē diǎnr ba.

B: 不了，再喝就醉了。
Bù le, zài hē jiǔ zuì le.

A: 要不要来点儿水果？
Yào bu yào lái diǎnr shuǐguǒ?

B: 吃不下了。
Chī bù xià le.

A: 好，小姐，请结账。
Hǎo, xiǎojie, qǐng jiézhàng.

B: 我来付钱。
Wǒ lái fù qián.

A: 不，不，今天是我请客，我来付。
Bù, bù, jīntiān shì wǒ qǐng kè, wǒ lái fù.

B: 实在不好意思，让您破费了。
Shízài bùhǎoyìsi, ràng nín pòfèi le.

A: 哪儿的话，您太客气了。哎，小姐，剩下的是小费，
Nǎr de huà, nín tài kèqi le. Āi, xiǎojie, shèngxià de shì xiǎofèi,

请您收下吧。
qǐng nín shōuxià ba.

服务员: 对不起，我们这里不收小费。
Duìbuqǐ, wǒmen zhèli bù shōu xiǎofèi.

새 단어

服务员 fúwùyuán	종업원
欢迎光临 huānyíng guānglín	어서 오세요
几位 jǐ wèi	몇 분
菜单 càidān	메뉴(판)
点 diǎn	주문하다
盘 pán	접시
牛肉 niúròu	소고기
鱼 yú	생선
炒 chǎo	볶다
青菜 qīngcài	청경채
鸡蛋 jīdàn	계란
汤 tāng	국(물)
主食 zhǔshí	주식
米饭 mǐfàn	(쌀)밥
喝 hē	마시다
壶 hú	주전자, 술병
茶 chá	차
炒面 chǎomiàn	볶음면
酸辣 suānlà	시고 맵다

串 chuàn	꼬치
羊肉 yángròu	양고기
饮料 yǐnliào	음료
可乐 kělè	콜라
马上 mǎshàng	곧
用餐 yòngcān	식사하다
不客气 bùkèqi	천만에요
盐水鸭 yánshuǐyā	소금에 절인 오리고기
素什锦 sùshíjǐn	모듬 채소 볶음
肉丝 ròusī	실처럼 (길게) 잘게 썬 고기
鸡丁 jīdīng	작고 네모나게 썬 닭고기
豆腐 dòufu	두부
蘑菇 mógu	버섯
大盘 dàpán	큰 접시
小盘 xiǎopán	작은 접시
够 gòu	충분하다
三鲜炒饭 sānxiān chǎofàn	삼선볶음밥
先 xiān	먼저
怎么样 zěnmeyàng	어떠하다, 어떻다, 어떻게
吃饱 chī bǎo	배부르다

酒足饭饱 jiǔzú fànbǎo	술과 밥을 배불리 먹었습니다, 대접을 잘 받았습니다 [남에게 대접을 받고 하는 인사]
醉 zuì	취하다
水果 shuǐguǒ	과일
付钱 fù qián	돈을 지불하다
破费 pòfèi	(남에게) 금전상의 폐를 끼치다
不好意思 bùhǎoyìsi	미안하다, 부끄럽다, 쑥스럽다
剩下 shèngxia	남다

구문 설명

1 "都"

'모두, 다'라는 의미로, 앞의 사람이나 사물을 총괄할 때 쓴다.

- 每个孩子**都**长得很结实。
- 他们**都**来了。

2 "让"

'~하게 하다, ~하도록 시키다'라는 의미로, 겸어를 수반할 때 쓴다.

- 实在不好意思，**让**您破费了。
- 来晚了，**让**您久等了。
- 谁**让**你来的?

3 "先 ~ 再 ~ (然后)"

'먼저 ~하고, 그 다음 ~하다'라는 의미로, 동작의 순서를 나타낼 때 쓴다.

- **先**来盐水鸭，**再**来宫爆鸡丁。
- **先**看菜单，**再**点菜。

연습문제

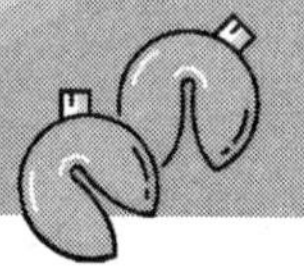

(1) 다음 뜻에 해당하는 단어를 고르시오.

1. '메뉴(판)'
   A. 主食　　　B. 菜单　　　C. 饮料　　　D. 服务员

2. '몇 분이십니까'
   A. 请坐　　　B. 几位　　　C. 多少　　　D. 哪位

3. '주문하다'
   A. 结账　　　B. 点　　　C. 喝　　　D. 吃不下

4. '충분하다 / 넉넉하다'
   A. 够　　　B. 多　　　C. 小　　　D. 用

5. '즉시 / 곧'
   A. 稍等　　　B. 马上　　　C. 再来　　　D. 先

6. '계산하다'
   A. 结账　　　B. 找钱　　　C. 付钱　　　D. 请收下

7. '큰 접시'

   A. 大   B. 小   C. 盘   D. 大盘

8. '취하다'

   A. 贵   B. 醉   C. 饱   D. 破费

9. '(손님을) 초대하다 / 한턱내다'

   A. 请客   B. 请问   C. 光临   D. 收费

10. '종업원'

   A. 顾客   B. 服务员   C. 小姐   D. 先生

(2) 다음 뜻에 해당하는 단어를 쓰시오.

1. (음식을) 주문하다   ➡ ________________

2. (배불러서) 먹을 수 없다   ➡ ________________

3. 취하다   ➡ ________________

4. 계산하다   ➡ ________________

5. 큰 접시   ➡ ________________

6. 음료수　　　▷ ＿＿＿＿＿＿＿＿

7. 맥주　　　▷ ＿＿＿＿＿＿＿＿

8. 볶음밥　　　▷ ＿＿＿＿＿＿＿＿

9. 콜라　　　▷ ＿＿＿＿＿＿＿＿

10. 초대하다 / 한턱내다　　　▷ ＿＿＿＿＿＿＿＿

(3) 본문의 내용에 근거하여 다음 문장을 완성하시오.

1. ＿＿光临，请问几位？

2. 我们先来一盘盐水鸭，＿＿来一盘素什锦。

3. 请问，要大盘＿＿是小盘？

4. 服务员，请＿＿账。

5. 好的，先用茶，请＿＿等。

(4) 다음 단어들을 올바른 순서로 배열하여 문장을 완성하시오.

1. (请问 / 用餐 / 几位)

   ▶ ____

2. (来 / 米饭 / 三碗)

   ▶ ____

3. (一盘 / 再来 / 宫爆鸡丁)

   ▶ ____

4. (吃 / 什么 / 主食)

   ▶ ____

5. (我 / 今天 / 请客)

   ▶ ____

(5) 다음 문장을 해석하시오.

1. 我们先点几个菜。

   ▶ ____

2. 请稍等一下。

　▷ ____

3. 我来付钱。

　▷ ____

4. 喝点儿什么?

　▷ ____

5. 我们是三位。

　▷ ____

MEMO

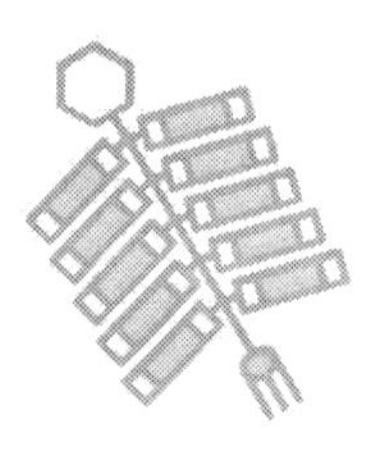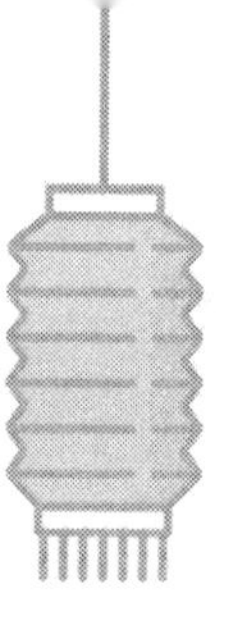

은행

상용 표현

1. **您好，请问您需要办理什么业务？**
Nín hǎo, qǐng wèn nín xūyào bànlǐ shénme yèwù?

2. **我想开一个储蓄账户。**
Wǒ xiǎng kāi yī ge chúxù zhànghù.

3. **我可以存现金吗？**
Wǒ kěyǐ cún xiànjīn ma?

4. **定期存款利息是多少？**
Dìngqī cúnkuǎn lìxī shì duōshǎo?

5. **我想取一部分钱。**
Wǒ xiǎng qǔ yībùfen qián.

6. **请帮我查询账户余额。**
Qǐng bāng wǒ cháxún zhànghù yú'é.

7. **我想换一些美元。**
Wǒ xiǎng huàn yīxiē měiyuán.

8. **请问今天的汇率是多少？**
Qǐng wèn jīntiān de huìlǜ shì duōshǎo?

9. **我想办理外币兑换业务。**
Wǒ xiǎng bànlǐ wàibì duìhuàn yèwù.

10. 我需要一张取款单。
Wǒ xūyào yī zhāng qǔkuǎndān.

11. 请问您是想个人贷款还是企业贷款?
Qǐng wèn nín shì xiǎng gèrén dàikuǎn háishì qǐyè dàikuǎn?

12. 我想申请一笔个人贷款。
Wǒ xiǎng shēnqǐng yī bǐ gèrén dàikuǎn.

13. 贷款的期限可以选择多长?
Dàikuǎn de qīxiàn kěyǐ xuǎnzé duōcháng?

14. 请问贷款利率是多少?
Qǐng wèn dàikuǎn lìlǜ shì duōshǎo?

15. 我想提前还款，可以吗?
Wǒ xiǎng tíqián huánkuǎn, kěyǐ ma?

16. 请帮我打印交易明细。
Qǐng bāng wǒ dǎyìn jiāoyì míngxì.

17. 我可以用银行卡支付吗?
Wǒ kěyǐ yòng yínhángkǎ zhīfù ma?

18. 我的账户有透支额度吗?
Wǒ de zhànghù yǒu tòuzhī édù ma?

19. 请问可以开网上银行吗?
Qǐng wèn kěyǐ kāi wǎngshàng yínháng ma?

20. 我需要挂失银行卡。
Wǒ xūyào guàshī yínhángkǎ.

새 단어

需要 xūyào	필요하다
办理 bànlǐ	처리하다, 진행하다
业务 yèwù	업무, 서비스
开 kāi	개설하다, 열다
储蓄 chúxù	저축(하다)
账户 zhànghù	계좌
存 cún	저축하다, 맡기다
现金 xiànjīn	현금
定期存款 dìngqī cúnkuǎn	정기 예금
利息 lìxī	이자
取 qǔ	받다, 찾다
一部分 yībùfen	일부
查询 cháxún	조회(하다), 문의(하다), 알아보다, (자료)검색
账户余额 zhànghù yú'é	계좌 잔액
换 huàn	환전하다, 바꾸다
美元 měiyuán	미국 달러
今天 jīntiān	오늘
汇率 huìlǜ	환율
外币 wàibì	외화

兑换 duìhuàn	화폐로 교환하다, 현금과 바꾸다
取款单 qǔkuǎndān	출금 신청서
个人贷款 gèrén dàikuǎn	개인 대출
企业贷款 qǐyè dàikuǎn	기업 대출
申请 shēnqǐng	신청하다
期限 qīxiàn	기한
金额 jīn'é	금액
利率 lìlǜ	이율
提前 tíqián	(예정된 시한이나 기간을) 앞당기다
还款 huánkuǎn	상환하다, 돈을 갚다
打印 dǎyìn	출력하다, 프린트하다
交易明细 jiāoyì míngxì	거래명세서
银行卡 yínhángkǎ	은행카드

<table>
<tr><td>**본문**</td><td>**상황 1**</td><td></td></tr>
</table>

顾客:
先生，我要存钱。
Xiānsheng, wǒ yào cúnqián.

营业员:
您存活期的还是存定期的？
Nín cún huóqī de háishi cún dìngqī de?

顾客:
请问，定期存款的利息是多少？
Qǐng wèn, dìngqī cúnkuǎn de lìxī shì duōshǎo?

营业员:
一百块人民币一年的利息是十块八毛一。
Yībǎi kuài rénmínbì yīnián de lìxī shì shí kuài bā máo yī.

顾客:
好吧，我存一年。
Hǎoba, wǒ cún yīnián.

营业员:
请您先填一张存款单。
Qǐng nín xiān tián yī zhāng cúnkuǎndān.

본문　상황 2

顾客:　先生，我想取钱。
Xiānsheng, wǒ xiǎng qǔqián.

营业员:　请填一下取款单。
Qǐng tián yīxià qǔkuǎndān.

顾客:　这样填行不行?
Zhèyàng tián xíng bù xíng?

营业员:　可以。这是您的存折，请收好。
Kěyǐ. Zhè shì nín de cúnzhé, qǐng shōuhǎo.

顾客:　谢谢!
Xièxie!

본문 상황 3

顾客: **小姐，我要换钱。**
Xiǎojie, wǒ yào huànqián.

营业员: **您是什么外币？**
Nín shì shénme wàibì?

顾客: **美元。**
Měiyuán.

营业员: **请您先填一张兑换单。**
Qǐng nín xiān tián yī zhāng duìhuàndān.

顾客: **用汉语写还是用英语写？**
Yòng hànyǔ xiě háishi yòng yīngyǔ xiě?

营业员: **都可以。**
Dōu kěyǐ.

顾客: **你看，这样写行吗？**
Nǐ kàn, zhèyàng xiě xíng ma?

营业员: **行。您是哪国人？**
Xíng. Nín shì nǎ guó rén?

顾客: **我是美国人。**
Wǒ shì měiguórén.

营业员: **看一下您的护照。**
Kàn yīxià nín de hùzhào.

顾客:　好。请问，今天美元和人民币的兑换率是多少?
Hǎo. Qǐng wèn, jīntiān měiyuán hé rénmínbì de duìhuànlǜ shì duōshǎo?

营业员:　一比八点七五。您换多少?
Yī bǐ bā diǎn qī wǔ. Nín huàn duōshǎo?

顾客:　我换一百美元。
Wǒ huàn yī bǎi měiyuán.

营业员:　这是您兑换的人民币，一共是八百七十
Zhè shì nín duìhuàn de rénmínbì , yīgòng shì bā bǎi qīshí

五元人民币，请数一下。
wǔ yuán rénmínbì, qǐng shǔ yīxià.

顾客:　正好，谢谢。
Zhèng hǎo, xièxie.

营业员:　不客气。
Bùkèqi.

<table>
<tr><td>본문</td><td>상황 4</td></tr>
</table>

顾客:　**先生，我想咨询贷款的事。**
Xiānsheng, wǒ xiǎng zīxún dàikuǎn de shì.

营业员:　**您是想个人贷款还是企业贷款？**
Nín shì xiǎng gèrén dàikuǎn háishi qǐyè dàikuǎn?

顾客:　**我想申请个人贷款。**
Wǒ xiǎng shēnqǐng gèrén dàikuǎn.

营业员:　**请问贷款期限和金额大概是多少？**
Qǐng wèn dàikuǎn qīxiàn hé jīn'é dàgài shì duōshǎo?

顾客:　**我想借五万人民币，期限一年。**
Wǒ xiǎng jiè wǔ wàn rénmínbì, qīxiàn yīnián.

营业员:　**好的，请您填写贷款申请表。**
Hǎo de, qǐng nín tiánxiě dàikuǎn shēnqǐngbiǎo.

顾客:　**好，我这就填。**
Hǎo, wǒ zhè jiù tián.

새 단어

顾客 gùkè	고객
存钱 cúnqián	돈을 맡기다, 예금하다
营业员 yíngyèyuán	점원, 판매원
活期 huóqī	예금자가 예금을 수시로 인출할 수 있는
定期 dìngqī	기일[기한]을 정하다
存款 cúnkuǎn	예금(하다), 저금(하다)
存款单 cúnkuǎndān	예금신청서
取钱 qǔqián	돈을 찾다, 인출하다
取款单 qǔkuǎndān	출금신청서
行 xíng	괜찮다, 충분하다, 좋다
存折 cúnzhé	예금 통장
收 shōu	받다, 수령하다
换钱 huànqián	환전하다
兑换单 duìhuàndān	환전신청서
汉语 hànyǔ	중국어
英语 yīngyǔ	영어
护照 hùzhào	여권
兑换率 duìhuànlǜ	환율
正好 zhèng hǎo	마침, 딱 좋다

咨询 zīxún	상의하다, 자문하다
贷款 dàikuǎn	대출(하다)
个人 gèrén	개인
企业 qǐyè	기업
申请 shēnqǐng	신청하다
借 jiè	빌리다, 빌려주다
填写 tiánxiě	작성하다

구문 설명 

1　"还是"

‘또는, 아니면’이라는 의미로, 선택의문문에 쓴다.

- 您存活期的**还是**存定期的?
- 你同意**还是**不同意?
- 先修这个, **还是**先修那个, 咱们商量一下。

2　"要"

‘~하려고 하다’라는 의미로, 어떤 일에 대한 의지를 나타낼 때 쓴다.

의지를 나타내는 ‘要’를 부정할 때는 ‘不要’라고 하지 않고, ‘不想’, ‘不愿意’라고 한다. 왜냐하면 ‘不要’는 ‘~하지 마라’라는 금지의 의미를 나타내기 때문이다.

- 我**要**换钱。
- 寒假我**要**学开车。
- 我**要**学游泳。
- 我**不想**进去。
- 他**不愿意**和我们一起去。

연습문제

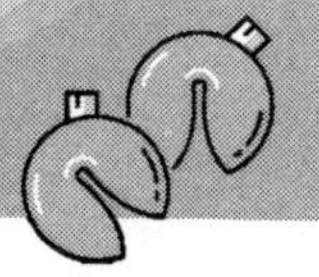

(1) 다음 뜻에 해당하는 단어를 고르시오.

1. '예금하다 / 돈을 맡기다'
   A. 取钱　　　B. 存钱　　　C. 换钱　　　D. 贷款

2. '인출하다 / 돈을 찾다'
   A. 存钱　　　B. 取钱　　　C. 打印　　　D. 查询

3. '환전하다'
   A. 存款　　　B. 换钱　　　C. 取款　　　D. 打印

4. '출금신청서'
   A. 存款单　　　B. 取款单　　　C. 兑换单　　　D. 存折

5. '계좌 잔액'
   A. 账户余额　　　B. 利息　　　C. 金额　　　D. 汇率

6. '이자'
   A. 利息　　　B. 额度　　　C. 金额　　　D. 利率

7. '개인 대출'

    A. 企业贷款　　　B. 个人贷款　　　C. 银行卡　　　D. 交易明细

8. '신청하다'

    A. 借　　　B. 填　　　C. 申请　　　D. 还款

9. '환율'

    A. 汇率　　　B. 金额　　　C. 利率　　　D. 人民币

10. '은행카드'

    A. 银行卡　　　B. 存折　　　C. 存款单　　　D. 兑换单

(2) 다음 뜻에 해당하는 단어를 쓰시오.

1. (은행에서) 돈을 찾다　　　▷ ______________

2. 거래명세서　　　▷ ______________

3. 신청서　　　▷ ______________

4. 상환하다　　　▷ ______________

5. 환율　　　▷ ______________

6. 미국 달러 ▷ _______________

7. 현금 ▷ _______________

8. 정기예금 ▷ _______________

9. 대출하다 ▷ _______________

10. 계좌, 구좌 ▷ _______________

(3) 본문의 내용에 근거하여 다음 문장을 완성하시오.

1. 请您______写贷款申请表。

2. 您是想个人贷款______企业贷款?

3. 请问，今天美元和人民币的______率是多少?

4. 您______活期的还是______定期的?

5. 请您填一______兑换单。

(4) 다음 단어들을 올바른 순서로 배열하여 문장을 완성하시오.

1. (我 / 存 / 一年 / 钱)

   ▶ ________________________________

2. (请 / 查询 / 帮我 / 账户余额)

   ▶ ________________________________

3. (我 / 换 / 美元 / 一百)

   ▶ ________________________________

4. (请 / 填 / 一张 / 存款单 / 先 / 您)

   ▶ ________________________________

5. (我 / 申请 / 想 / 个人贷款)

   ▶ ________________________________

(5) 다음 문장을 해석하시오.

1. 定期存款的利息是多少?

   ▶ ________________________________

2. 您是哪国人?

3. 您换多少?

4. 我想借五万人民币。

5. 请您填写贷款申请表。

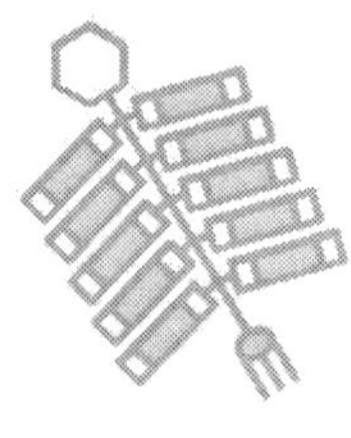  

제6과

복습 I

〈제1과〉

(1) 다음 문장을 해석하시오.

1. 请问是李先生吗?

   ▶ ___________________________________

2. 请问您现在方便说话吗?

   ▶ ___________________________________

3. 喂, 您好, 这里是北京公司。

   ▶ ___________________________________

4. 请问您找哪位?

   ▶ ___________________________________

5. 他现在不在, 请问您有什么事吗?

   ▶ ___________________________________

6. 要不要我帮您留言?

   ▶ ___________________________________

7. 方便的时候请您给我打电话。

   ▶ ___________________________________

8. 我现在在开会，稍后联系。

　　➡ ________________________________

9. 您拨的电话无人接听。

　　➡ ________________________________

10. 电话占线，请稍后再拨。

　　➡ ________________________________

11. 抱歉，信号不好，我听不清楚。

　　➡ ________________________________

12. 您的声音有点小。

　　➡ ________________________________

13. 请您再说一遍。

　　➡ ________________________________

14. 您能发个微信或者邮件给我吗?

　　➡ ________________________________

15. 电话好像断了。

　　➡ ________________________________

16. 我们明天再联系吧。

    ⇨ ____

17. 我会再打给您。

    ⇨ ____

18. 麻烦您稍后给我回个电话。

    ⇨ ____

19. 谢谢您的来电。

    ⇨ ____

20. 再见，祝您愉快!

    ⇨ ____

(2) 다음 뜻에 해당하는 단어를 쓰시오.

    1. 편리하다   ⇨ _____________

    2. 메시지를 남기다   ⇨ _____________

    3. 회의하다   ⇨ _____________

    4. 마치 ~ 과 같다   ⇨ _____________

    5. 걸려온 전화   ⇨ _____________

6. 번거롭(게 하)다　　　▷ ______________

7. 왕림하다　　　▷ ______________

8. (목)소리　　　▷ ______________

9. 내일　　　▷ ______________

10. 즐겁다　　　▷ ______________

〈제2과〉

(1) 다음 문장을 해석하시오.

1. 请问，从这儿到火车站怎么走?

　▷ ______________________________________

2. 下一班车几点来?

　▷ ______________________________________

3. 这辆车到市中心吗?

　▷ ______________________________________

4. 请问在哪里换乘?

　▷ ______________________________________

5. 我要两张地铁票。

   ▶ ____

6. 这条线到机场吗?

   ▶ ____

7. 车程大概多长时间?

   ▶ ____

8. 请帮我看一下路线图。

   ▶ ____

9. 我在下一站下车。

   ▶ ____

10. 司机师傅，请您停一下。

    ▶ ____

11. 机场快线从哪儿坐?

    ▶ ____

12. 这儿可以买到公交卡吗?

    ▶ ____

13. 请把行李放在行李架上。

    ▶ ____

14. 到终点站再换车。

⏩ _______________________________________

15. 我想确认一下到站时间。

⏩ _______________________________________

16. 请出示您的车票。

⏩ _______________________________________

17. 这条路现在比较堵。

⏩ _______________________________________

18. 可以帮我叫一辆出租车吗?

⏩ _______________________________________

19. 航班几点开始登机?

⏩ _______________________________________

20. 请注意保管好您的随身物品。

⏩ _______________________________________

(2) 다음 뜻에 해당하는 단어를 쓰시오.

1. (버스, 지하철 등) 차량을 타다　　⏩ _______________

2. 하차하다 ▷ ____________

3. 승차하다 ▷ ____________

4. 세관 ▷ ____________

5. (운송을) 위탁하다 ▷ ____________

6. (짐을 직접) 휴대하다 ▷ ____________

7. 안전검사 ▷ ____________

8. 택시 ▷ ____________

9. 노선도 ▷ ____________

10. 탑승구 ▷ ____________

〈제3과〉

(1) 다음 문장을 해석하시오.

1. 您好，请问有房间吗?

▷ ________________________________

2. 我想预订一个单人房。

▷ ________________________________

3. 请问房间多少钱一晚?

	▶ ______________________________________

4. 我需要一张床。

	▶ ______________________________________

5. 请帮我办理入住手续。

	▶ ______________________________________

6. 这是我的身份证。

	▶ ______________________________________

7. 我可以付现金吗?

	▶ ______________________________________

8. 房间里有电话吗?

	▶ ______________________________________

9. 我想要带浴室的房间。

	▶ ______________________________________

10. 请给我一把房间钥匙。

	▶ ______________________________________

11. 您住几晚?

12. 可以帮我叫出租车吗?

13. 我想延长住宿时间。

14. 请问早餐几点开始?

15. 我可以看一下房间吗?

16. 请问Wi-Fi密码是多少?

17. 我的房间太热/太冷了。

18. 请问洗衣服务在哪里?

19. 我想退房。

   ▷ ___________________________________

20. 谢谢您的帮助!

   ▷ ___________________________________

(2) 다음 뜻에 해당하는 단어를 쓰시오.

1. 방   ▷ _____________

2. 오늘 밤   ▷ _____________

3. 합계, 모두   ▷ _____________

4. 카드로 결제하다   ▷ _____________

5. 비밀번호   ▷ _____________

6. 객실 카드키   ▷ _____________

7. (한) 장[침대, 종이 등을 세는 단위] ▷ _____________

8. 처리하다, 진행하다   ▷ _____________

9. 잠시, 한 번   ▷ _____________

10. 지불하다   ▷ _____________

〈제4과〉

(1) 다음 문장을 해석하시오.

1. 请问有空位吗?

   ▶ ____

2. 我们要两个人的桌子。

   ▶ ____

3. 可以给我菜单吗?

   ▶ ____

4. 你们有什么推荐的菜?

   ▶ ____

5. 我要一份宫保鸡丁。

   ▶ ____

6. 请给我们来一壶水。

   ▶ ____

7. 这道菜辣吗?

   ▶ ____

8. 我们先要这几道菜。

   ▷ ____________________________________

9. 再加一份米饭。

   ▷ ____________________________________

10. 请问什么时候可以上菜?

   ▷ ____________________________________

11. 我想喝点儿果汁。

   ▷ ____________________________________

12. 来两杯啤酒吧。

   ▷ ____________________________________

13. 大杯还是小杯?

   ▷ ____________________________________

14. 够了,谢谢。

   ▷ ____________________________________

15. 请慢慢来,不急。

   ▷ ____________________________________

16. 请结账，谢谢。

    ▷ ____

17. 今天我请客。

    ▷ ____

18. 您太客气了。

    ▷ ____

19. 可以刷卡吗?

    ▷ ____

20. 剩下的是(小费)，请您收下吧。

    ▷ ____

(2) 다음 뜻에 해당하는 단어를 쓰시오.

1. (음식을) 주문하다   ▷ _______________

2. (배불러서) 먹을 수 없다   ▷ _______________

3. 취하다   ▷ _______________

4. 계산하다   ▷ _______________

5. 큰 접시   ▷ _______________

6. 음료수　　　▷ _______________

7. 맥주　　　▷ _______________

8. 볶음밥　　　▷ _______________

9. 콜라　　　▷ _______________

10. 초대하다 / 한턱내다　　　▷ _______________

〈제5과〉

(1) 다음 문장을 해석하시오.

1. 您好, 请问您需要办理什么业务?

　▷ ____

2. 我想开一个储蓄账户。

　▷ ____

3. 我可以存现金吗?

　▷ ____

4. 定期存款利息是多少?

　▷ ____

5. 我想取一部分钱。

   ▷ ___________________________

6. 请帮我查询账户余额。

   ▷ ___________________________

7. 我想换一些美元。

   ▷ ___________________________

8. 请问今天的汇率是多少?

   ▷ ___________________________

9. 我想办理外币兑换业务。

   ▷ ___________________________

10. 我需要一张取款单。

    ▷ ___________________________

11. 请问您是想个人贷款还是企业贷款?

    ▷ ___________________________

12. 我想申请一笔个人贷款。

    ▷ ___________________________

13. 贷款的期限可以选择多长?

    ▣ ____

14. 请问贷款利率是多少?

    ▣ ____

15. 我想提前还款，可以吗?

    ▣ ____

16. 请帮我打印交易明细。

    ▣ ____

17. 我可以用银行卡支付吗?

    ▣ ____

18. 我的账户有透支额度吗?

    ▣ ____

19. 请问可以开网上银行吗?

    ▣ ____

20. 我需要挂失银行卡。

    ▣ ____

(2) 다음 뜻에 해당하는 단어를 쓰시오.

1. (은행에서) 돈을 찾다　▶ _______________

2. 거래명세서　▶ _______________

3. 신청서　▶ _______________

4. 상환하다　▶ _______________

5. 환율　▶ _______________

6. 미국 달러　▶ _______________

7. 현금　▶ _______________

8. 정기예금　▶ _______________

9. 대출하다　▶ _______________

10. 계좌, 구좌　▶ _______________

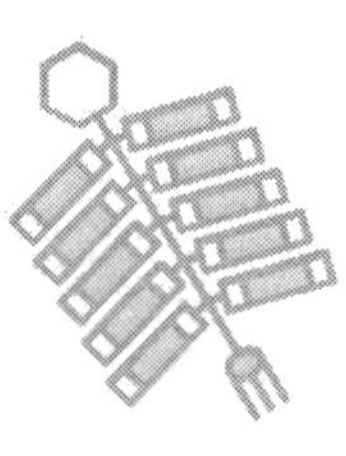

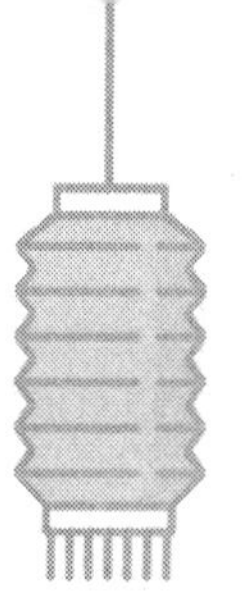

상점

상용 표현 

1. **请问，这个多少钱？**
   Qǐng wèn, zhè ge duōshǎo qián?

2. **太贵了，可以便宜一点吗？**
   Tài guì le, kěyǐ piányi yīdiǎn ma?

3. **我要买这个。**
   Wǒ yào mǎi zhè ge.

4. **给我称一斤苹果。**
   Gěi wǒ chēng yī jīn píngguǒ.

5. **再来一点儿。**
   Zài lái yīdiǎnr.

6. **不要了，谢谢。**
   Bù yào le, xièxie.

7. **可以试试吗？**
   Kěyǐ shì shì ma?

8. **我看看。**
   Wǒ kàn kàn.

9. **太小了。**
   Tài xiǎo le.

10. 给我包起来。
Gěi wǒ bāoqǐlái.

11. 一共多少钱？
Yīgòng duōshǎo qián?

12. 找您零钱。
Zhǎo nín língqián.

13. 可以刷卡吗？
Kěyǐ shuākǎ ma?

14. 我想看看其他的颜色。
Wǒ xiǎng kàn kàn qítā de yánsè.

15. 这有折扣吗？
Zhè yǒu zhékòu ma?

16. 还要别的吗？
Hái yào biéde ma?

17. 我要两斤香蕉。
Wǒ yào liǎng jīn xiāngjiāo.

18. 帮我拿一下，好吗？
Bāng wǒ ná yīxià, hǎo ma?

19. 这个有其他款式吗？
Zhè ge yǒu qítā kuǎnshì ma?

20. 请问您要多大杯的？
Qǐng wèn nín yào duōdà bēi de?

새 단어

太 tài	너무
贵 guì	비싸다
便宜 piányi	싸다, 저렴하다
一点 yīdiǎn	조금
要 yào	원하다, 요구하다
买 mǎi	사다
给 gěi	주다
称 chēng	재다, 무게를 달다
斤 jīn	근[무게의 단위]
苹果 píngguǒ	사과
再 zài	다시, 또
不要 bù yào	요구하지 않다, 필요 없다, ~하지 마라
试 shì	시도하다, 시험하다
看 kàn	보다
小 xiǎo	작다
大 dà	크다
包 bāo	싸다, 포장하다
零钱 língqián	잔돈
刷卡 shuākǎ	카드로 결제하다

想 xiǎng	생각하다, ~하고 싶다
其他 qítā	기타, 그 외
颜色 yánsè	색깔
折扣 zhékòu	할인(하다)
能 néng	~할 수 있다
两 liǎng	둘
香蕉 xiāngjiāo	바나나
帮 bāng	돕다
拿 ná	잡다, 들다
款式 kuǎnshì	스타일, 디자인
多大 duōdà	얼마나 큰
杯 bēi	컵

본문 | 상황 1

售货员: **请问，您买什么？**
Qǐng wèn, nín mǎi shénme?

顾客: **番茄多少钱一斤？**
Fānqié duōshǎo qián yī jīn?

售货员: **一块四，您要几斤？**
Yī kuài sì, nín yào jǐ jīn?

顾客: **两斤。**
Liǎng jīn.

售货员: **还要别的吗？**
Hái yào biéde ma?

顾客: **不要了。**
Bù yào le.

본문 상황 2

顾客: **师傅，香蕉多少钱一斤？**
Shīfu, xiāngjiāo duōshǎo qián yī jīn?

小贩: **一块八一斤，怎么样，来一斤？**
Yī kuài bā yī jīn, zěnmeyàng, lái yī jīn?

顾客: **这么贵呀！**
Zhème guì ya!

小贩: **贵?! 您先看看这香蕉，又大又甜！**
Guì?! Nín xiān kàn kàn zhè xiāngjiāo, yòu dà yòu tián!

顾客: **这香蕉好是好，就是价钱太贵了。能不能便宜一点儿？**
Zhè xiāngjiāo hǎo shì hǎo, jiùshì jiàqián tài guì le. Néng bù néng piányi yīdiǎnr?

小贩: **您要多少？**
Nín yào duōshǎo?

顾客: **要是能便宜一点儿，我就来二斤。**
Yàoshi néng piányi yīdiǎnr, wǒ jiù lái èr jīn.

小贩: **您真会讨价还价，好吧，一块四一斤，怎么样？**
Nín zhēn huì tǎojià huánjià, hǎo ba, yī kuài sì yī jīn, zěnmeyàng?

顾客: **好，给我称两斤。**
Hǎo, gěi wǒ chēng liǎng jīn.

小贩:	**还要别的吗?** Hái yào biéde ma?
顾客:	**再称一斤梨。** Zài chēng yī jīn lí.
小贩:	**梨一块九一斤。** Lí yī kuài jiǔ yī jīn.
顾客:	**好一共多少钱?** Hǎo yīgòng duōshǎo qián?
小贩:	**一共四块七。** Yīgòng sì kuài qī.
小贩:	**给您五快。** Gěi nín wǔ kuài.
顾客:	**找您三毛。** Zhǎo nín sān máo.
小贩:	**再见!** Zàijiàn!
顾客:	**再见!** Zàijiàn!

본문 | 상황 3

顾客: **先生，请给我看看那双布鞋。**
Xiānsheng, qǐng gěi wǒ kànkan nà shuāng bùxié.

营业员: **您穿多大号的？**
Nín chuān duōdà hào de?

顾客: **二十六号。**
Èrshí liù hào.

营业员: **您看看这双。**
Nín kàn kàn zhè shuāng.

顾客: **可以试试吗？**
Kěyǐ shì shì ma?

营业员: **可以。**
Kěyǐ.

顾客: **正好，多少钱一双？**
Zhènghǎo, duōshǎo qián yī shuāng?

营业员: **二十二块八。**
Èrshí èr kuài bā.

顾客: **好，就买这双。**
Hǎo, jiù mǎi zhè shuāng.

营业员: **到交款台交钱。**
Dào jiāokuǎntái jiāo qián.

본문 | 상황 4

顾客：　你好，请问这里有橙汁吗？
Nǐ hǎo, qǐng wèn zhèli yǒu chéngzhī ma?

服务员：　有的，请问您要多大杯的？
Yǒu de, qǐng wèn nín yào duōdà bēi de?

顾客：　中杯的，多少钱一杯？
Zhōng bēi de, duōshǎo qián yī bēi?

服务员：　十块钱一杯。
Shí kuài qián yī bēi.

顾客：　可以加冰吗？
Kěyǐ jiā bīng ma?

服务员：　可以，加冰不加价。
Kěyǐ, jiā bīng bù jiā jià.

顾客：　好，我要两杯橙汁，加一点糖。
Hǎo, wǒ yào liǎng bēi chéngzhī, jiā yīdiǎn táng.

服务员：　好的，请稍等，我给您准备。
Hǎo de, qǐng shāo děng, wǒ gěi nín zhǔnbèi.

顾客：　一共多少钱？
Yīgòng duōshǎo qián?

服务员： 二十块钱。
Èrshí kuài qián.

顾客： 给您二十块。
Gěi nín èrshí kuài.

服务员： 找您零块钱。谢谢光临！
Zhǎo nín líng kuài qián. Xièxie guānglín!

顾客： 再见！
Zàijiàn!

새 단어

售货员 shòuhuòyuán — 점원, 판매원

番茄 fānqié — 토마토

香蕉 xiāngjiāo — 바나나

这么 zhème — 이렇게

价钱 jiàqián — 가격

要是 yàoshi — 만약 ~라면

就 jiù — 곧, 바로

真 zhēn — 정말(로), 참으로

会 huì — ~을 잘하다, ~에 뛰어나다[능하다]

讨价还价 tǎojià huánjià — 흥정하다

梨 lí — 배

找 zhǎo — 거슬러 주다

双 shuāng — 쌍, 켤레

布鞋 bùxié — 천 신발

穿 chuān — 신다, 입다

号 hào — 사이즈, 등급

到 dào — 도착하다, ~에 이르다

交款台 jiāokuǎntái — 계산대

交 jiāo — 지불하다, 내다

这里 zhèli	여기
有 yǒu	있다
橙汁 chéngzhī	오렌지 주스
加 jiā	더하다, 보태다, 첨가하다, (본래 없던 것을) 붙이다, 넣다
冰 bīng	얼음
价 jià	가격, 값, 가치
糖 táng	설탕
准备 zhǔnbèi	준비하다
零 líng	0, 제로(Zero)

구문 설명 

1 "又~又~"

'(~하면서) 한편[또한, 동시에] (~하다)'라는 의미로, 몇 가지 동작[상태, 상황]이 동시에 존재[발생]함을 나타낼 때 쓴다.

- 您先看看这香蕉, 又大又甜!
- 这孩子又会写又会算。
- 那家商店的东西又好又便宜。

2 "~是~"

양보절에서 '是'의 앞과 뒤에 같은 명사나 동사·형용사를 사용하여 '비록'의 의미를 나타낼 때 쓴다.

- 这香蕉好是好, 就是价钱太贵了。
- 有是有, 可不多。
- 他瘦是瘦, 可从来不生病。

3 "会"

'어떤 일에 능숙하다, ~을 잘하다, ~에 뛰어나다'라는 의미를 나타낸다. '很, 真, 最' 등의 뒤에 쓰이며, 단독으로 대답하는 말로는 쓰일 수 없다.

○ 您真**会**讨价还价。

○ 他最**会**说话。

○ 他很**会**演戏。

4 "再"

'재차, 다시'라는 의미로, 하나의 동작[상태]이 반복 또는 계속됨을 나타낼 때 쓴다. 주로 아직 실현되지 않은 일을 가리킨다.

○ **再**称一斤梨。

○ 晚上**再**来吧!

○ 我不能**再**喝了。

연습문제

(1) 다음 뜻에 해당하는 단어를 고르시오.

1. '사다'

   A. 买　　　　　B. 卖　　　　　C. 给　　　　　D. 试

2. '얼마입니까'

   A. 多少钱　　　B. 价钱　　　　C. 多少　　　　D. 元

3. '잠시 기다리다'

   A. 稍等　　　　B. 马上　　　　C. 等一会儿　　D. 等

4. '여보세요'

   A. 你好　　　　B. 您好　　　　C. 喂　　　　　D. 再见

5. '도착하다'

   A. 到　　　　　B. 来　　　　　C. 去　　　　　D. 交

6. '카드로 결제하다'

   A. 刷卡　　　　B. 给　　　　　C. 找　　　　　D. 付

7. '싸다'

    A. 便宜　　　　　B. 付　　　　　C. 打折　　　　　D. 贵

8. '(무게를) 재다'

    A. 称　　　　　B. 量　　　　　C. 买　　　　　D. 付

9. '거슬러 주다'

    A. 找　　　　　B. 给　　　　　C. 收　　　　　D. 给钱

10. '색깔'

    A. 颜色　　　　　B. 款式　　　　　C. 样子　　　　　D. 尺寸

(2) 다음 뜻에 해당하는 단어를 쓰시오.

1. 바나나　　　　　▷ ______________

2. 사과　　　　　▷ ______________

3. 토마토　　　　　▷ ______________

4. 천 신발　　　　　▷ ______________

5. 켤레[신발은 세는 단위]　　　　　▷ ______________

6. 계산대 ▸ ______________

7. 총합 / 모두 ▸ ______________

8. 잔돈 ▸ ______________

9. 오렌지 주스 ▸ ______________

10. 잠시 기다리다 ▸ ______________

(3) 본문의 내용에 근거하여 다음 문장을 완성하시오.

1. 请问，您买______？

2. ______我称一斤苹果。

3. 这香蕉好是好，就是______太贵了。

4. 小王，请帮我拿一下______，好吗?

5. 请稍等，我给您______。

(4) 다음 단어들을 올바른 순서로 배열하여 문장을 완성하시오.

1. (我 / 买 / 这个 / 要)

　⇨ ____

2. (我 / 给 / 称 / 梨 / 两斤)

　⇨ ____

3. (试试 / 可以 / 吗 / 这双鞋)

　⇨ ____

4. (便宜 / 能 / 吗 / 一点儿)

　⇨ ____

5. (其他 / 有 / 这个 / 吗 / 款式)

　⇨ ____

(5) 다음 문장을 해석하시오.

1. 能不能便宜一点儿?

　⇨ ____

2. 这香蕉好是好，就是价钱太贵了。

3. 给我包起来。

4. 这个有其他款式吗?

5. 可以试试这双鞋吗?

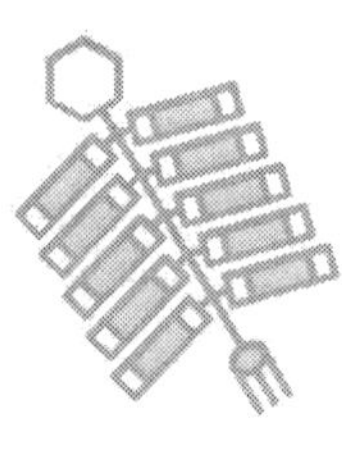

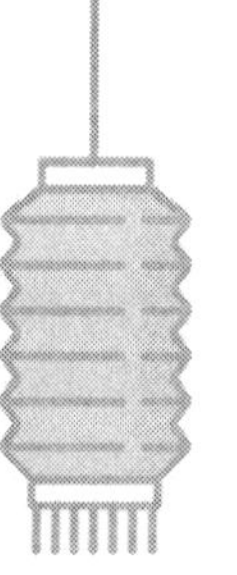

병원

상용 표현

1. **我想挂号。**
Wǒ xiǎng guàhào.

2. **请出示您的病历。**
Qǐng chūshì nín de bìnglì.

3. **给您挂号单。**
Gěi nín guàhàodān.

4. **挂号多少钱?**
Guàhào duōshǎo qián?

5. **我挂内科。**
Wǒ guà nèikē.

6. **今天有专家门诊吗?**
Jīntiān yǒu zhuānjiā ménzhěn ma?

7. **大夫，我不舒服。**
Dàifu, wǒ bù shūfu.

8. **请问有什么症状?**
Qǐngwèn yǒu shénme zhèngzhuàng?

9. **我发烧了。**
Wǒ fāshāo le.

10. 请量一下体温。
Qǐng liáng yīxià tǐwēn.

11. 我咳嗽、头疼。
Wǒ késou、tóuténg.

12. 医生给我开了药。
Yīshēng gěi wǒ kāi le yào.

13. 我需要打针。
Wǒ xūyào dǎ zhēn.

14. 请注意休息。
Qǐng zhùyì xiūxi.

15. 多喝水有助于康复。
Duō hē shuǐ yǒuzhùyú kāngfù.

16. 我拿处方去取药。
Wǒ ná chǔfāng qù qǔ yào.

17. 药应该饭后服用。
Yào yīnggāi fàn hòu fúyòng.

18. 这瓶药水是外用的。
Zhè píng yàoshuǐ shì wàiyòng de.

19. 复诊时间是什么时候?
Fùzhěn shíjiān shì shénme shíhòu?

20. 看完病后,请按时复诊。
Kàn wán bìng hòu, qǐng ànshí fùzhěn.

새 단어

挂号 guàhào	등록하다, 접수시키다
出示 chūshì	제시하다, 보여 주다
病历 bìnglì	진료 차트, 진료 기록
给 gěi	주다, 건네다
挂号单 guàhàodān	접수증
内科 nèikē	내과
专家 zhuānjiā	전문가
门诊 ménzhěn	진료, (외래) 진찰
大夫 dàifu	의사
舒服 shūfu	편안하다, 상쾌하다, 안락하다, 쾌적하다
症状 zhèngzhuàng	증상
发烧 fāshāo	열이 나다
量 liáng	재다, 측정하다
体温 tǐwēn	체온
咳嗽 késou	기침
头疼 tóuténg	두통
开药 kāi yào	약을 처방하다
打针 dǎ zhēn	주사 맞다[놓다]
休息 xiūxi	휴식하다, 쉬다

喝水 hē shuǐ		물을 마시다
处方 chǔfāng		처방전
取药 qǔ yào		약을 받다
饭后 fàn hòu		식후
外用 wàiyòng		외용
复诊 fùzhěn		재진

본문 | 상황 1

病人： **先生，挂号。**
Xiānsheng, guàhào.

挂号员： **病历呢？**
Bìnglì ne?

病人： **给，挂个号多少钱？**
Gěi, guà ge hào duōshǎo qián?

挂号员： **两块。挂什么科？**
Liǎng kuài. Guà shénme kē?

病人： **内科。**
Nèikē.

挂号员： **给你挂号单。**
Gěi nǐ guàhàodān.

(到内科)
(dào nèikē)

病人： **大夫，我不舒服。**
Dàifu, wǒ bù shūfu.

大夫： **有什么症状？**
Yǒu shénme zhèngzhuàng?

病人: 我头疼、咳嗽、鼻子不通，浑身连一点劲儿都没有，
Wǒ tóuténg、késou、bízi bù tōng, húnshēn lián yīdiǎn jìnr dōu méiyǒu,

饭也吃不下。
fàn yě chī bù xià.

大夫: 发烧吗？
Fāshāo ma?

病人: 好象有一点儿，可能有三十八度左右。
Hǎoxiàng yǒu yīdiǎnr, kěnéng yǒu sānshí bā dù zuǒyòu.

大夫: 来，解开上衣，量量体温。
Lái, jiěkāi shàngyī, liáng liáng tǐwēn.

嗯，三十八度，发烧。张开嘴，我看看喉咙，
Ńg, sānshí bā dù, fāshāo. Zhāngkāi zuǐ, wǒ kànkan hóulong,

说'啊—'。好，嗓子也有点发炎。几天了？
shuō 'ā-'. Hǎo, sǎngzi yě yǒudiǎn fāyán. Jǐ tiān le?

病人: 两三天。大夫，是什么病？
Liǎng sān tiān. Dàifu, shì shénme bìng?

大夫: 感冒，不要紧。我给你开点药，再打两针。
Gǎnmào, bù yàojǐn. Wǒ gěi nǐ kāi diǎn yào, zài dǎ liǎng zhēn.

要注意休息，多喝点开水。要是不见好，再来。
Yào zhùyì xiūxi, duō hē diǎn kāishuǐ. Yàoshi bù jiàn hǎo, zài lái.

病人: 好的，谢谢大夫。
Hǎo de, xièxie dàifu.

본문	상황 2

病人：　先生，挂个号。
Xiānsheng, guà ge hào.

挂号员：　请出示一下病历。
Qǐng chūshì yīxià bìnglì.

病人：　给您。
Gěi nín.

挂号员：　这是你们单位的病历，这儿不能用，
Zhè shì nǐmen dānwèi de bìnglì, zhèr bù néng yòng,

你得买我们医院的病历。
nǐ děi mǎi wǒmen yīyuàn de bìnglì.

病人：　多少钱？
Duōshǎo qián?

挂号员：　六块，连挂号费一共八块钱。
Liù kuài, lián guàhàofèi yīgòng bā kuài qián.

病人：　对了，今天内科有没有专家门诊？
Duì le, jīntiān nèikē yǒu méiyǒu zhuānjiā ménzhěn?

挂号员：　我查一下，有，是内科主任王教授的。
Wǒ chá yīxià, yǒu, shì nèikē zhǔrèn Wáng jiàoshòu de.

你来得真巧，只剩两个号了。
Nǐ lái de zhēn qiǎo, zhǐ shèng liǎng ge hào le.

病人： 那我挂专家门诊。
Nà wǒ guà zhuānjiā ménzhěn.

挂号员： 十块。
Shí kuài.

(病人拿了挂号单来到内科专家门诊室，欲进)
(bìngrén ná le guàhàodān láidào nèikē zhuānjiā ménzhěnshì, yù jìn)

护士： 对不起，请您先在这儿排个号，叫到您，
Duìbuqǐ, qǐng nín xiān zài zhèr pái ge hào, jiàodào nín,

您再进。
nín zài jìn.

病人： 对不起，对不起。
Duìbuqǐ, duìbuqǐ.

(病人看完病，拿着处方，来到收费处，排队)
(bìngrén kànwán bìng, ná zhe chǔfāng, lái dào shōufèichù, pái duì)

病人： 先生，我交费。
Xiānsheng, wǒ jiāo fèi.

计价师： (看了看处方) 你这单子没划价，请先去划价。
(kàn le kàn chǔfāng) Nǐ zhè dānzi méi huàjià, qǐng xiān qù huàjià.

病人： 请问，在哪儿划价？
Qǐng wèn, zài nǎr huàjià?

计价师： 就在隔壁。
Jiù zài gébì.

(病人来到划价处)
(bìngrén láidào huàjiàchù)

病人： **先生，我划价。**
Xiānsheng, wǒ huàjià.

计价师： **对不起，这是中药划价处，西药在对面。**
Duìbuqǐ, zhè shì zhōngyào huàjiàchù, xīyào zài duìmiàn.

病人： **天哪，我都给搞糊涂了。**
Tiān na, wǒ dōu gěi gǎo hútu le.

(最后来到取药处)
(zuìhòu láidào qǔyàochù)

病人： **拿药。**
Ná yào.

药剂师： **对不起，最后一种药没了，你要不要请**
Duìbuqǐ, zuìhòu yī zhǒng yào méi le, nǐ yào bu yào qǐng

医生换一种药？
yīshēng huàn yī zhǒng yào?

病人： **没有？算了，反正大夫说我休息休息，**
Méiyǒu? Suàn le, fǎnzhèng dàifu shuō wǒ xiūxi xiūxi,

过几天就好了。再这样搞下去，我倒是要
guò jǐ tiān jiù hǎo le. Zài zhèyàng gǎo xiàqù, wǒ dàoshi yào

得心脏病了。请问，这药怎么个吃法？
dé xīnzàngbìng le. Qǐng wèn, zhè yào zěnme ge chīfǎ?

药剂师：　这种药片是饭后服，每日三次，
Zhè zhǒng yàopiàn shì fàn hòu fú, měi rì sān cì,

每次一片，用温开水送下。
měi cì yī piàn, yòng wēn kāishuǐ sòngxià.

这瓶药水是外用的，不能内服。
Zhè píng yàoshuǐ shì wàiyòng de, bù néng nèifú.

这些在药袋上有说明。
Zhèxiē zài yàodài shàng yǒu shuōmíng.

病人：　谢谢。
Xièxie.

본문 | 상황 3

病人: **先生，我想做体检。**
Xiānsheng, wǒ xiǎng zuò tǐjiǎn.

挂号员: **好，请先出示身份证。**
Hǎo, qǐng xiān chūshì shēnfènzhèng.

病人: **给您。**
Gěi nín.

挂号员: **您想做全身体检还是单项?**
Nín xiǎng zuò quánshēn tǐjiǎn háishi dānxiàng?

病人: **全身体检。**
Quánshēn tǐjiǎn.

挂号员: **好的，请到内科先做血压和血常规。**
Hǎo de, qǐng dào nèikē xiān zuò xuèyā hé xuèchángguī.

(在内科)
(zài nèikē)

大夫: **你好，请量一下血压。**
Nǐ hǎo, qǐng liáng yīxià xuèyā.

病人: **好。**
Hǎo.

大夫：　血压正常。接下来抽血。
　　　　Xuèyā zhèngcháng. Jiēxiàlái chōuxuè.

病人：　好，谢谢大夫。
　　　　Hǎo, xièxie dàifu.

| 본문 | 상황 4 |

病人：　　**你好，我牙疼。**
Nǐ hǎo, wǒ yá téng.

挂号员：　**请问挂牙科吗?**
Qǐng wèn guà yákē ma?

病人：　　**对。**
Duì.

挂号员：　**给您挂号单，请到牙科诊室。**
Gěi nín guàhàodān, qǐng dào yákē zhěnshì.

(在牙科)
(zài yákē)

牙科医生：**你牙疼多久了?**
Nǐ yáténg duōjiǔ le?

病人：　　**两天了。**
Liǎng tiān le.

牙科医生：**张开嘴，我看看。**
Zhāngkāi zuǐ, wǒ kàn kàn.

病人：　　**好。**
Hǎo.

牙科医生： **有蛀牙，需要补牙。**
Yǒu zhùyá, xūyào bǔyá.

病人： **好，麻烦您了。**
Hǎo, máfan nín le.

牙科医生： **补完牙后注意口腔卫生，按时复诊。**
Bǔ wán yá hòu zhùyì kǒuqiāng wèishēng, ànshí fùzhěn.

病人： **谢谢医生。**
Xièxie yīshēng.

새 단어

病人 bìngrén	환자
挂号员 guàhàoyuán	접수원
浑身 húnshēn	온몸, 전신
没 méiyǒu	없다
饭 fàn	밥
上衣 shàngyī	상의
张开 zhāngkāi	벌리다
嘴 zuǐ	입
喉咙 hóulong	목구멍, 인후
嗓子 sǎngzi	목소리, 목, 목청
发炎 fāyán	염증이 생기다
感冒 gǎnmào	감기
医院 yīyuàn	병원
挂号费 guàhàofèi	접수비
主任 zhǔrèn	주임
教授 jiàoshòu	교수
排号 pái hào	차례의 선후를 정하다
交费 jiāo fèi	비용을 내다

划价 huàjià	(병원의 약국에서) 환자의 약값과 기타 의료비를 계산하여 그 금액을 처방전에 쓰다
中药 zhōngyào	한약
西药 xīyào	양약
拿 ná	받다, 타다, 얻다
药 yào	약
换 huàn	바꾸다
吃法 chīfǎ	먹는 방법
药片 yàopiàn	알약
每日 měi rì	매일, 날마다
一次 yī cì	한 번, 1회
温开水 wēnkāishuǐ	(끓인 물을 식힌) 미지근한 물
这些 zhèxiē	이것들, 이런 것들, 이들
说明 shuōmíng	설명(하다), 해설(하다)
体检 tǐjiǎn	건강검진
身份证 shēnfènzhèng	신분증
全身 quánshēn	전신
单项 dānxiàng	단일 항목
血常规 xuè chángguī	일반 혈액 검사
抽血 chōuxuè	채혈하다, 피를 뽑다
牙疼 yáténg	치통

牙科 yákē　　　　치과

蛀牙 zhùyá　　　　충치

补牙 bǔyá　　　　이를 해 넣다, 이를 때우다

口腔 kǒuqiāng　　　　구강

卫生 wèishēng　　　　위생(적이다), 깨끗하다

按时 ànshí　　　　제때에, 제시간에, 규정된 시간대로

구문 설명 

1 "连~, 也~"

'~조차도 ~하다'라는 의미로, 강조할 때 쓴다. '连' 뒤에 '都, 也, 还' 등과 호응한다.

- 我头疼、咳嗽、鼻子不通，浑身<u>连</u>一点劲儿<u>都</u>没有，饭也吃不下。
- 他<u>连</u>下象棋<u>都</u>不会。
- 你怎么<u>连他也</u>不认识。

2 "要是"

'만약 ~라면'이라는 의미로, 가정을 나타낼 때 쓴다.

- 要注意休息，多喝点开水。<u>要是</u>不见好，再来。
- <u>要是</u>看见《韩英词典》，替我买一本。
- <u>要是</u>他不去，你去吗?

3 "反正"

'어차피, 어쨌든, 아무튼, 결국'이라는 의미로, 어떤 상황에서도 결론이나 결과가 바뀌지 않음을 나타낼 때 쓴다.

- 算了，<u>反正</u>大夫说我休息休息，过几天就好了。
- <u>反正</u>去不去都是一样。
- 不管你怎么说，<u>反正</u>事情很难办。

연습문제

(1) 다음 뜻에 해당하는 단어를 고르시오.

1. '등록하다 / 접수시키다'
   A. 取药　　　B. 挂号　　　C. 体检　　　D. 补牙

2. '진료 차트 / 진료 기록'
   A. 挂号单　　B. 病历　　　C. 处方　　　D. 药袋

3. '전문의 진료'
   A. 内科　　　B. 牙科　　　C. 专家门诊　　D. 血压

4. '증상'
   A. 症状　　　B. 体温　　　C. 咳嗽　　　D. 血压

5. '체온을 재다'
   A. 量体温　　B. 看喉咙　　C. 打针　　　D. 服药

6. '약을 처방하다'
   A. 开药　　　B. 取药　　　C. 补牙　　　D. 排号

7. '주사 맞다[놓다]'
    A. 打针　　　　B. 挂号　　　　C. 看病　　　　D. 抽血

8. '휴식하다'
    A. 喝水　　　　B. 休息　　　　C. 排队　　　　D. 排号

9. '식후 복용하다'
    A. 饭后服　　　B. 内服　　　　C. 外用　　　　D. 打针

10. '재진(하다)'
    A. 复诊　　　　B. 看病　　　　C. 体检　　　　D. 挂号

(2) 다음 뜻에 해당하는 단어를 쓰시오.

1. 접수하다　　　　　▷ ______________

2. 접수증　　　　　　▷ ______________

3. 전문의 진료　　　　▷ ______________

4. 진료 차트 / 진료 기록　▷ ______________

5. 증상　　　　　　　▷ ______________

6. 체온을 재다　　　　　■➡ ________________

7. 주사 맞다[놓다]　　　　■➡ ________________

8. 약을 처방하다　　　　　■➡ ________________

9. 식후 복용　　　　　　　■➡ ________________

10. 재진(하다)　　　　　　■➡ ________________

(3) 본문의 내용에 근거하여 다음 문장을 완성하시오.

1. 我头疼、咳嗽、鼻子不通，浑身连一点劲儿______没有，饭也吃不下。

2. 我______你开点药，再打两针。

3. 这种药片是饭后______，每日三次，每次一片，用温开水送下。

4. 请问您______牙科吗?

5. 今天内科有没有专家______?

(4) 다음 단어들을 올바른 순서로 배열하여 문장을 완성하시오.

1. (我 / 号 / 挂 / 一个)

   ➡ _______________________________________

2. (请 / 病历 / 出示 / 您)

   ➡ _______________________________________

3. (我 / 取 / 要 / 药)

   ➡ _______________________________________

4. (先 / 请 / 身份证 / 出示)

   ➡ _______________________________________

5. (补完牙 / 注意 / 按时 / 复诊 / 后)

   ➡ _______________________________________

(5) 다음 문장을 해석하시오.

1. 请量一下体温

   ➡ _______________________________________

2. 我头疼、咳嗽、鼻子不通，浑身连一点劲儿都没有。

3. 药应该饭后服用。

4. 请到牙科诊室。

5. 有什么症状?

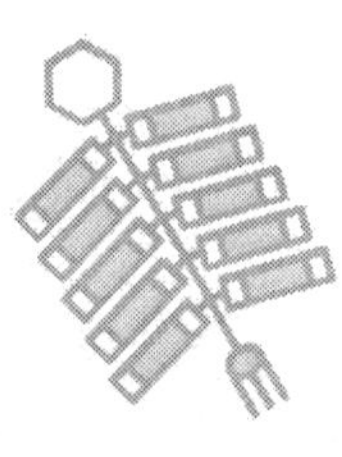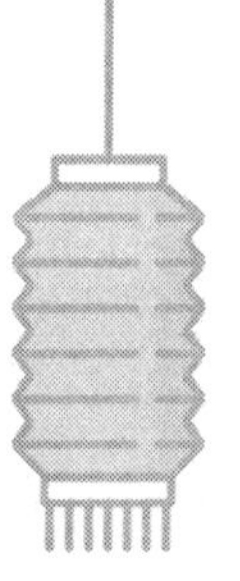

영화관

상용 표현 

1. **请问现在还能买到票吗？**
Qǐng wèn xiànzài hái néng mǎidào piào ma?

2. **我们想换到后面一点的座位。**
Wǒmen xiǎng huàndào hòumiàn yīdiǎn de zuòwèi.

3. **这场电影几点开始？**
Zhè chǎng diànyǐng jǐ diǎn kāishǐ?

4. **剩下的座位还有哪些？**
Shèngxià de zuòwèi háiyǒu nǎxiē?

5. **这里的味道太大了，我有点受不了。**
Zhèli de wèidào tài dà le, wǒ yǒudiǎn shòu bu liǎo.

6. **入口在哪儿？**
Rùkǒu zài nǎr?

7. **我们要两张连座的票。**
Wǒmen yào liǎng zhāng liánzuò de piào.

8. **这是今天最后一场了。**
Zhè shì jīntiān zuìhòu yī chǎng le.

9. **要不要先去服务台问问？**
Yào bù yào xiān qù fúwùtái wèn wèn?

10. 我们是不是走错厅了？
Wǒmen shì bù shì zǒucuò tīng le?

11. 你看票上写着几排几号。
Nǐ kàn piào shàng xiě zhe jǐ pái jǐ hào.

12. 能不能给我们安排在一起？
Néng bù néng gěi wǒmen ānpái zài yīqǐ?

13. 这边太吵了，能换个地方吗？
Zhèbiān tài chǎo le, néng huàn ge dìfang ma?

14. 电影快开演了，我们赶紧进去吧。
Diànyǐng kuài kāiyǎn le, wǒmen gǎnjǐn jìnqù ba.

15. 今天的人好多，会不会客满？
Jīntiān de rén hǎoduō, huì bù huì kèmǎn?

16. 我还没拿到票。
Wǒ hái méi nádào piào.

17. 我们去买点儿饮料再进去吧。
Wǒmen qù mǎi diǎnr yǐnliào zài jìnqù ba.

18. 你先进去，我马上到。
Nǐ xiān jìnqù, wǒ mǎshàng dào.

19. 这部电影听说很好看。
Zhè bù diànyǐng tīngshuō hěn hǎokàn.

20. 对号入座，请不要随便换座位。
Duìhào rùzuò, qǐng bù yào suíbiàn huàn zuòwèi.

새 단어

票 piào	표
后面 hòumiàn	뒤쪽
座位 zuòwèi	자리
场 chǎng	회, 차례, 번[문예·오락·체육 활동을 세는 양사]
电影 diànyǐng	영화
开始 kāishǐ	시작하다
剩下 shèngxià	남다, 남기다
哪些 nǎxiē	어떤 (것들)
味道 wèidào	냄새, 맛
受不了 shòu bu liǎo	견딜 수 없다
入口 rùkǒu	입구
连座 liánzuò	연좌(하다)
今天 jīntiān	오늘
最后 zuìhòu	마지막
先 xiān	먼저
服务台 fúwùtái	안내 데스크
排 pái	(배열 한) 줄, 열
几号 jǐ hào	(차례·순번을 표시하는) 번호
安排 ānpái	배치하다, 배정하다

一起 yīqǐ		함께
吵 chǎo		시끄럽다, 떠들어 대다, 말다툼하다
地方 dìfang		장소, 곳
开演 kāiyǎn		(연극·영화 따위를) 시작하다
赶紧 gǎnjǐn		서둘러, 급히, 재빨리
进去 jìnqù		들어가다
客满 kèmǎn		만원(滿員)이다
饮料 yǐnliào		음료
马上 mǎshàng		곧, 즉시
听说 tīngshuō		듣자 하니, 듣건대, 듣는 바로는
好看 hǎokàn		재미있다, 보기 좋다
对号入座 duìhào rùzuò		지정 좌석에 앉다, 번호대로 앉다

본문　상황 1

学生A： 咦？ 票上写着四点开演，
Yí? Piào shàng xiě zhe sì diǎn kāiyǎn,

可是我记得我们买的是三点半的场次啊。
kěshì wǒ jìde wǒmen mǎi de shì sān diǎn bàn de chǎngcì a.

学生B： 真的吗？ 让我看看…… 哎呀，售票员可能弄错了。
Zhēn de ma? Ràng wǒ kàn kàn …… āiya, shòupiàoyuán kěnéng nòngcuò le.

学生A： 那怎么办？ 我们要不要去服务台问问？
Nà zěnmebàn? Wǒmen yào bù yào qù fúwùtái wèn wèn?

学生B： 好啊，说不定能换票。走吧。
Hǎo a, shuōbudìng néng huàn piào. Zǒu ba.

（在服务台）
(zài fúwùtái)

学生A： 你好，我们想换一下票，刚才买错场次了。
Nǐ hǎo, wǒmen xiǎng huàn yīxià piào, gāngcái mǎicuò chǎngcì le.

工作人员： 可以的。你们要换三点半的？
Kěyǐ de. Nǐmen yào huàn sān diǎn bàn de?

正好还有空位。
Zhènghǎo hái yǒu kòngwèi.

学生B： 太好了！ 谢谢您。
Tài hǎo le! Xièxie nín.

본문　상황 2

학생A：
咱们先去找座位吧，七排十二号和十四号。
Zánmen xiān qù zhǎo zuòwèi ba, qī pái shí'èr hào hé shísì hào.

학생B：
好的。哎，这里味道好重，前面的人买了好多爆米花。
Hǎo de. Āi, zhèli wèidào hǎo zhòng, qiánmiàn de rén mǎi le hǎoduō bàomǐhuā.

학생A：
是啊，我有点受不了。要不要问问能不能换到后排？
Shì a, wǒ yǒudiǎn shòu bu liǎo. Yào bù yào wèn wèn néng bù néng huàndào hòupái?

학생B：
可以试试。走，去找服务员。
Kěyǐ shì shì. Zǒu, qù zhǎo fúwùyuán.

(和服务员说)
(hé fúwùyuán shuō)

학생A：
您好，请问能不能换到后面一点的座位？
Nín hǎo, qǐngwèn néng bù néng huàn dào hòumiàn yìdiǎnr de zuòwèi?

这边味道有点儿大。
Zhèbiān wèidào yǒudiǎnr dà.

서비스员：
好的，我看看…… 嗯，九排有两个连座，你们要吗？
Hǎo de, wǒ kànkan…… Ńg, jiǔ pái yǒu liǎng gè liánzuò, nǐmen yào ma?

학생B：
要要要，我们坐九排吧！
Yào yào yào, wǒmen zuò jiǔ pái ba!

본문 | 상황 3

学生A: **你怎么还没到？ 电影五分钟就开演了。**
Nǐ zěnme hái méi dào? Diànyǐng wǔ fēnzhōng jiù kāiyǎn le.

学生B: **我在卖饮料的那边，可是找不到入口。**
Wǒ zài mài yǐnliào de nàbiān, kěshì zhǎo bù dào rùkǒu.

学生A: **啊？ 入口在右边啊，你往回走一点儿就能看见了。**
À? Rùkǒu zài yòubiān a, nǐ wǎng huí zǒu yīdiǎnr jiù néng kànjiàn le.

学生B: **好，我马上过去。票在你那儿吧？**
Hǎo, wǒ mǎshàng guòqù. Piào zài nǐ nàr ba?

学生A: **对，我拿着呢。咱们进去以后是六排十六和十八。**
Duì, wǒ ná zhe ne. Zánmen jìnqù yǐhòu shì liù pái shíliù hé shíbā.

学生B: **好的！ 等我两分钟。**
Hǎo de! Děng wǒ liǎng fēnzhōng.

学生A: **行，快点儿，别错过开头！**
Xíng, kuài diǎnr, bié cuòguò kāitóu!

| **본문** | 상황 4 |

学生A: **三点四十有场电影，现在是三点二十，**
Sān diǎn sìshí yǒu chǎng diànyǐng, xiànzài shì sān diǎn èrshí,

就要开演了，我们看场电影再回去，怎么样？
jiù yào kāiyǎn le, wǒmen kàn chǎng diànyǐng zài huíqù, zěnmeyàng?

学生B: **好啊，我还从来没看过中国电影呢！**
Hǎo a! Wǒ hái cónglái méi kàn guò Zhōngguó diànyǐng ne!

不过，现在还能买到票吗？会不会客满？
Bùguò, xiànzài hái néng mǎidào piào ma? Huì bù huì kè mǎn?

学生A: **没关系，买不到票，有时开演前能等到退票。**
Méi guānxi, mǎi bù dào piào, yǒushí kāiyǎn qián néng děngdào tuì piào.

咱们去试试吧。
Zánmen qù shì shì ba.

学生B: **好，今天是《霸王别姬》，听说这部电影很有名，是吗？**
Hǎo, jīntiān shì 《Bàwáng biéjī》, tīngshuō zhè bù diànyǐng hěn yǒumíng, shì ma?

学生A: **是的，我来买票吧。先生，要两张当场票，什么？**
Shì de, wǒ lái mǎi piào ba. Xiānsheng, yào liǎng zhāng dāngchǎngpiào, shénme?

这是剩下的最后两张了，
Zhè shì shèngxià de zuìhòu liǎng zhāng le,

真走运，我们进去吧。
zhēn zǒuyùn, wǒmen jìnqù ba.

（进电影院）
(jìn diànyǐngyuàn)

学生A： 走这边，这边是双号，那边是单号。
Zǒu zhèbiān, zhèbiān shì shuānghào, Nàbiān shì dānhào.

我们的票是楼下六排十八号和二十号，在一块儿的。
Wǒmen de piào shì lóuxià liù pái shíbā hào hé èrshí hào, zài yīkuàir de.

学生B： 好的。哎，咱们能不能往后坐坐，
Hǎo de. Āi, zánmen néng bù néng wǎng hòu zuò zuò,

太往前了对眼睛不好。
tài wǎng qián le duì yǎnjing bù hǎo.

学生A： 没办法，您看票上写着'凭票入场，对号入座'，
Méi bànfǎ, Nín kàn piào shàng xiě zhe 'píng piào rùchǎng, duìhào rùzuò',

这是规定，您就将就点儿吧。
zhè shì guīdìng, nín jiù jiāngjiù diǎnr ba.

学生B： 没关系，下次看电影早点儿来就是了。
Méi guānxi, xiàcì kàn diànyǐng zǎo diǎnr lái jiùshì le.

새 단어

学生 xuésheng	학생
售票员 shòupiàoyuán	매표원
可能 kěnéng	아마, 가능하다
弄错 nòngcuò	잘못하다
怎么办 zěnme bàn	어떻게 할까
说不定 shuōbudìng	아마, ~일 것이다, ~일지도 모른다, 단언하기 어렵다
正好 zhènghǎo	마침
空位 kòngwèi	빈자리, 공석
找 zhǎo	찾다
重 zhòng	(정도가) 심하다, 크다, 중하다, 무겁다
前面 qiánmiàn	앞, 전면
爆米花 bàomǐhuā	팝콘
后排 hòupái	뒷줄, 극장 일층 전면의 뒷자리
九 jiǔ	아홉
坐 zuò	앉다
怎么 zěnme	어떻게
还 hái	아직
电影 diànyǐng	영화
右边 yòubiān	오른쪽

过去 guòqù	지나가다
拿 ná	(손으로) 잡다, (손에) 쥐다, 가지다
进去 jìnqù	들어가다
以后 yǐhòu	이후
等 děng	기다리다
行 xíng	좋다, 괜찮다
错过 cuòguò	(기회 등을) 놓치다, 스치고 지나가다, 잘못, 실책
开头 kāitóu	(일·행동·현상 따위가) 시작되다, 시작하다, 시작, 처음
回去 huíqù	돌아가다
怎么样 zěnmeyàng	어떻습니까
从来 cónglái	여태껏, 지금까지
中国 Zhōngguó	중국
不过 bùguò	그러나, 그런데
有时 yǒushí	때로(는), 간혹, 어떤 때
退票 tuì piào	표를 환불하다, 표를 무르다
有名 yǒumíng	유명하다
当场 dāngchǎng	현장, 즉석, 당장
最后 zuìhòu	맨 마지막, 최후
走运 zǒuyùn	운이 좋다, 운수가 트이다
电影院 diànyǐngyuàn	영화관

走 zhǒu	걷다, 가다
双号 shuānghào	짝수
单号 dānhào	홀수
楼下 lóuxià	아래층
眼睛 yǎnjing	눈
没办法 méi bànfǎ	어쩔 수 없다, 방법이 없다
凭票入场 píng piào rùchǎng	표에 의거해서 입장하다
规定 guīdìng	규정
将就 jiāngjiù	우선 아쉬운 대로 참고 견디다, 불만스러우나 그대로 하다, 그럭저럭 참고 쓰다
下次 xiàcì	다음 번
就是 jiùshì	~하면 된다, 그만이다
随便 suíbiàn	마음대로 하다, 좋을대로 하다, 형편대로 하다
规定 guīdìng	규정

○ 구문 설명

1 "要~了"

▎ '곧~할 것이다'라는 의미로, 어떤 상황이 곧 변화하려고 하거나 혹은 새로운 상황이 곧 발생하려고 함을 나타낼 때 쓴다.

○ 现在是三点二十, 就**要**开演**了**。

○ 他**要**回来**了**。

○ 我**要**回国**了**。

▎ '要'의 앞에 '就'나 '快'를 붙여서 시간의 촉박함을 나타낼 수도 있다.

○ 他**快要**毕业**了**。

○ 他**就要**回国**了**。

▎ '快要~了'는 '要'를 생략하고 '快~了'의 형태로 쓰기도 한다.

○ 他**快**毕业**了**。

▎ '就要~了'의 앞에는 시간명사가 부사어로 올 수 있지만, '快要~了'의 앞에는 시간명사가 부사어로 올 수 없다.

○ 他下星期**就要**回国**了**。(○)

他下星期**快要**毕业**了**。(×)

②　"从来"

‘여태껏, 지금까지, 이제까지’라는 의미로, 주로 부정문에 많이 쓰인다.

- 我还**从来**没看过中国电影呢!
- 这种事我**从来**没听说过。
- 他**从来**没有生过气。

연습문제

(1) 다음 뜻에 해당하는 단어를 고르시오.

1. '(연극·영화 따위를) 시작하다'
   A. 票　　　　B. 开演　　　　C. 座位　　　　D. 入口

2. '좌석'
   A. 座位　　　　B. 排　　　　C. 票　　　　D. 场

3. '만원(滿員)이다'
   A. 客满　　　　B. 走错　　　　C. 受不了　　　　D. 排

4. '안내 데스크'
   A. 服务台　　　　B. 入口　　　　C. 电影　　　　D. 场次

5. '표'
   A. 票　　　　B. 座位　　　　C. 排　　　　D. 场

6. '(배열 한) 줄 / 열'
   A. 座位　　　　B. 排　　　　C. 场　　　　D. 票

7. '영화'

    A. 电影   B. 场次   C. 服务台   D. 入口

8. '입구'

    A. 入口   B. 出口   C. 票   D. 排

9. '배치하다 / 배정하다'

    A. 安排   B. 买   C. 问   D. 看

10. '곧 / 즉시'

    A. 马上   B. 听说   C. 写着   D. 喝

(2) 다음 뜻에 해당하는 단어를 쓰시오.

1. (연극·영화 따위를) 시작하다   ➡ ______________

2. 표   ➡ ______________

3. 좌석   ➡ ______________

4. 만원(滿員)이다   ➡ ______________

5. 안내 데스크   ➡ ______________

6. 입구　　　　　　　　　　　　▶ ________________

7. 배치하다 / 배정하다　　　　▶ ________________

8. 연좌(하다)　　　　　　　　　▶ ________________

9. 음료　　　　　　　　　　　　▶ ________________

10. 운이 좋다　　　　　　　　　▶ ________________

(3) 본문의 내용에 근거하여 다음 문장을 완성하시오.

1. 咦? 票上写着四点开演，可是我记得我们买的是三点半的______啊。

2. 哎呀，售票员可能弄______了。

3. 那怎么办? 我们要不要去______问问?

4. 可以的，你们要换三点半的? 正______还有空位。

5. 咱们先去______空位吧，七排十二号和十四号。

(4) 다음 단어들을 올바른 순서로 배열하여 문장을 완성하시오.

　　1. (味道 / 这边 / 大/ 有点儿)

　　▷ ＿＿＿＿＿＿＿＿＿＿＿＿＿＿＿＿＿＿＿＿＿＿＿

　　2. (上 / 票 / 写着 / 几号 / 几排)

　　▷ ＿＿＿＿＿＿＿＿＿＿＿＿＿＿＿＿＿＿＿＿＿＿＿

　　3. (快 / 电影 / 了 / 开演)

　　▷ ＿＿＿＿＿＿＿＿＿＿＿＿＿＿＿＿＿＿＿＿＿＿＿

　　4. (可能 / 弄错 / 售票员 / 了)

　　▷ ＿＿＿＿＿＿＿＿＿＿＿＿＿＿＿＿＿＿＿＿＿＿＿

　　5. (太 / 这里 / 了 / 吵)

　　▷ ＿＿＿＿＿＿＿＿＿＿＿＿＿＿＿＿＿＿＿＿＿＿＿

(5) 다음 문장을 해석하시오.

　　1. 票上写着四点开演。

　　▷ ＿＿＿＿＿＿＿＿＿＿＿＿＿＿＿＿＿＿＿＿＿＿＿

2. 售票员可能弄错了。

   ▷ ___________________________________

3. 我们要不要去服务台问问?

   ▷ ___________________________________

4. 正好还有空位。

   ▷ ___________________________________

5. 这边味道有点儿大。

   ▷ ___________________________________

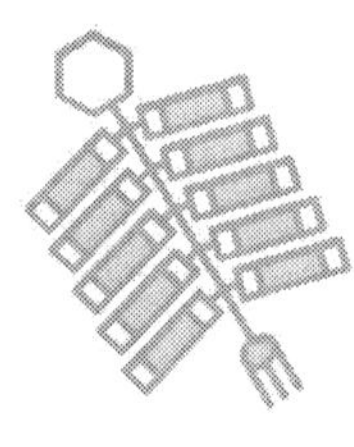

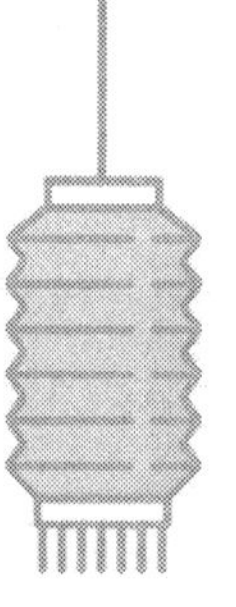

우체국

상용 표현

1. **我想寄包裹。**
Wǒ xiǎng jì bāoguǒ.

2. **包裹寄到国外可以吗?**
Bāoguǒ jì dào guówài kěyǐ ma?

3. **请问包裹的重量是多少?**
Qǐng wèn bāoguǒ de zhòngliàng shì duōshǎo?

4. **国际包裹需要填写海关申报单。**
Guójì bāoguǒ xūyào tiánxiě hǎiguān shēnbàodān.

5. **你带海关申报单了吗?**
Nǐ dài hǎiguān shēnbàodān le ma?

6. **可以现场填写。**
Kěyǐ xiànchǎng tiánxiě.

7. **请如实填写物品名称和价值。**
Qǐng rúshí tiánxiě wùpǐn míngchēng hé jiàzhí.

8. **我来帮你称重并计算邮费。**
Wǒ lái bāng nǐ chēngzhòng bìng jìsuàn yóufèi.

9. **一共是两百块人民币。**
Yīgòng shì liǎngbǎi kuài Rénmínbì.

10. 给您现金，可以吗？
Gěi nín xiànjīn, kěyǐ ma?

11. 收到款项后就可以寄出。
Shōudào kuǎnxiàng hòu jiù kěyǐ jìchū.

12. 我收到一张包裹通知单。
Wǒ shōudào yī zhāng bāoguǒ tōngzhīdān.

13. 请出示您的身份证或者学生证。
Qǐng chūshì nín de shēnfènzhèng huòzhě xuéshengzhèng.

14. 请在通知单背面写上您的姓名和证件号码。
Qǐng zài tōngzhīdān bèimiàn xiěshàng nín de xìngmíng hé zhèngjiàn hàomǎ.

15. 请检查一下物品是否完整。
Qǐng jiǎnchá yīxià wùpǐn shìfǒu wánzhěng.

16. 按照规定，包裹里面不能夹带信件。
Ànzhào guīdìng, bāoguǒ lǐmiàn bù néng jiādài xìnjiàn.

17. 寄包裹时得先给工作人员检查。
Jì bāoguǒ shí děi xiān gěi gōngzuò rényuán jiǎnchá.

18. 我就把它拆开来给您看看。
Wǒ jiù bǎ tā chāikāilái gěi nín kàn kàn.

19. 别忘了带证件。
Bié wàng le dài zhèngjiàn

20. 祝您生活愉快！
Zhù nín shēnghuó yúkuài!

새 단어

寄 jì	부치다, 맡기다
包裹 bāoguǒ	소포, 보따리, 싸다, 포장하다
国外 guówài	국외, 외국
重量 zhòngliàng	무게, 중량
国际 guójì	국제
需要 xūyào	필요하다
填写 tiánxiě	기입하다, 써넣다
海关 hǎiguān	세관
申报单 shēnbàodān	신고서
带 dài	(몸에) 지니다, 휴대하다
现场 xiànchǎng	현장, 현지
如实 rúshí	사실과 같다
物品 wùpǐn	물품
名称 míngchēng	이름, 명칭
价值 jiàzhí	가치
称重 chēngzhòng	무게를 달다
计算 jìsuàn	계산(하다)
邮费 yóufèi	우편 요금
款项 kuǎnxiàng	비용, 경비

通知单 tōngzhīdān	통지서
出示 chūshì	제시하다, 내보이다
身份证 shēnfènzhèng	신분증
学生证 xuéshengzhèng	학생증
背面 bèimiàn	뒷면
姓名 xìngmíng	성명
证件 zhèngjiàn	증명(서), 증서
号码 hàomǎ	번호
检查 jiǎnchá	검사(하다), 점검(하다), 검열(하다)
完整 wánzhěng	완전하다, 제대로 갖추어져 있다
规定 guīdìng	규정
里面 lǐmiàn	안
夹带 jiādài	뒤섞(이)다
工作人员 gōngzuò rényuán	직원
拆开 chāikāi	찢어 열다, 뜯다, 사이를 벌려 놓다
愉快 yúkuài	기분이 좋다, 기쁘다, 유쾌하다

본문 | 상황 1

学生A： **师傅，我想寄国际包裹到美国。**
Shīfu, wǒ xiǎng jì guójì bāoguǒ dào Měiguó.

营业员： **好的，请问包裹的重量是多少?**
Hǎo de, qǐng wèn bāoguǒ de zhòngliàng shì duōshǎo?

学生A： **大概三公斤左右。**
Dàgài sān gōngjīn zuǒyòu.

营业员： **国际包裹需要填写海关申报单，你带了吗?**
Guójì bāoguǒ xūyào tiánxiě hǎiguān shēnbàodān, nǐ dài le ma?

学生A： **哎呀，忘了带，我可以现场填吗?**
Āiya, wàng le dài, wǒ kěyǐ xiànchǎng tián ma?

营业员： **当然可以，我给你一张表格，**
Dāngrán kěyǐ, wǒ gěi nǐ yī zhāng biǎogé,

请如实填写物品名称和价值。
qǐng rúshí tiánxiě wùpǐn míngchēng hé jiàzhí.

学生A： **好，我填好了。**
Hǎo, wǒ tián hǎo le.

营业员： **好的，我来帮你称重并计算邮费，一共是两百块人民币。**
Hǎo de, wǒ lái bāng nǐ chēngzhòng bìng jìsuàn yóufèi, yīgòng shì liǎngbǎi kuài Rénmínbì.

学生A： 给您现金，可以吗?
Gěi nín xiànjīn, kěyǐ ma?

营业员： 可以的，收到款项后就可以寄出。
Kěyǐ de, shōudào kuǎnxiàng hòu jiù kěyǐ jìchū.

본문 | 상황 2

学生A: 师傅，我收到一张包裹通知单，想来取包裹。
Shīfu, wǒ shōudào yī zhāng bāoguǒ tōngzhīdān, xiǎng lái qǔ bāoguǒ.

营业员: 好的，请出示您的身份证或者学生证。
Hǎo de, qǐng chūshì nín de shēnfènzhèng huòzhě xuéshengzhèng.

学生A: 这是我的学生证。
Zhè shì wǒ de xuéshengzhèng.

营业员: 请在通知单背面写上您的姓名和证件号码。
Qǐng zài tōngzhīdān bèimiàn xiěshàng nín de xìngmíng hé zhèngjiàn hàomǎ.

学生A: 写好了。
Xiěhǎo le.

营业员: 好的，这里是您的包裹，请检查一下物品是否完整。
Hǎo de, zhèli shì nín de bāoguǒ, qǐng jiǎnchá yīxià wùpǐn shìfǒu wánzhěng.

学生A: 都没有问题，谢谢师傅！
Dōu méiyǒu wèntí, xièxie shīfu!

营业员: 不客气，祝您生活愉快！
Bù kèqì, zhù nín shēnghuó yúkuài!

<table>
<tr><td>**본문**</td><td>상황 3</td><td></td></tr>
</table>

学生: 师傅，我寄个包裹。
Shīfu, wǒ jì ge bāoguǒ.

营业员: 请打开让我检查一下。
Qǐng dǎkāi ràng wǒ jiǎnchá yīxià.

学生: 什么，还要检查？ 我好不容易才封上口的呀！
Shénme, hái yào jiǎnchá? Wǒ hǎobùróngyì cái fēngshàng kǒu de ya!

营业员: 对不起，寄包裹时得先给邮局工作人员检查，
Duìbuqǐ, jì bāoguǒ shí děi xiān gěi yóujú gōngzuò rényuán jiǎnchá,

符合规定后才能封口。
fúhé guīdìng hòu cái néng fēng kǒu.

学生: 可我寄的都是书啊。
Kě wǒ jì de dōushì shū a.

营业员: 按照规定，凡是印刷品都得检查。
Ànzhào guīdìng, fánshì yìnshuāpǐn dōu děi jiǎnchá.

学生: 好吧，那我就把它拆开来给您看看。
Hǎo ba, nà wǒ jiù bǎ tā chāikāilái gěi nín kàn kàn.

您可以给我一张包裹单吗？
Nín kěyǐ gěi wǒ yī zhāng bāoguǒdān ma?

营业员： 可以。你要把收件人的姓名、地址写清楚，
Kěyǐ. Nǐ yào bǎ shōujiànrén de xìngmíng、dìzhǐ xiěqīngchu,

还要写上自己的地址和姓名。噫，这是什么？
hái yào xiěshàng zìjǐ de dìzhǐ hé xìngmíng. Yī, zhè shì shénme?

学生： 一封信呀，有什么大惊小怪的。
Yī fēng xìn ya, yǒu shénme dàjīng xiǎoguài de.

营业员： 按照规定，包裹里面是不能夹带信件的。
Ànzhào guīdìng, bāoguǒ lǐmiàn shì bù néng jiādài xìnjiàn de.

学生： 我的天哪，哪儿来的这么多规定呀！
Wǒde tiān na, nǎr lái de zhème duō guīdìng ya!

营业员： 好，检查完了。
Hǎo, jiǎnchá wán le.

본문	**상황 4**

学生A：
小王，我前天收到母亲一封信，
XiǎoWáng, wǒ qiántiān shōudào mǔqin yī fēng xìn,

说给我寄来了一些东西，可我现在还没有
shuō gěi wǒ jìlái le yīxiē dōngxi, kě wǒ xiànzài hái méiyǒu

收到包裹通知单，不知会不会丢了。
shōudào bāoguǒ tōngzhīdān, bù zhī huì bù huì diū le.

学生B：
我想不会的。一般来说，包裹总是要迟来几天的。
Wǒ xiǎng bù huì de. Yībān láishuō, bāoguǒ zǒngshì yào chí lái jǐ tiān de.

学生A：
这样我就放心了，不用去邮局打听了。
Zhèyàng wǒ jiù fàngxīn le, bùyòng qù yóujú dǎtīng le.

学生B：
对了，你取包裹的时候，别忘了带证件。
Duì le, nǐ qǔ bāoguǒ de shíhou, bié wàng le dài zhèngjiàn.

学生A：
什么证件？
Shénme zhèngjiàn?

学生B：
你的学生证或者护照都行，还要在
Nǐ de xuéshengzhèng huòzhě hùzhào dōu xíng, háiyào zài

通知单的背面填上你的名字和证件名称、号码。
tōngzhīdān de bèimiàn tiánshàng nǐ de míngzi hé zhèngjiàn míngchēng、hàomǎ.

学生A： 我的这些证件还不知放到哪儿去了呢，
Wǒ de zhèxiē zhèngjiàn hái bùzhī fàngdào nǎr qù le ne,

我得赶快找找。
wǒ děi gǎnkuài zhǎo zhǎo.

学生B： 瞧你丢三落四的，通知单一来，你就得赶快去取。
Qiáo nǐ diūsān làsì de, tōngzhīdān yī lái, nǐ jiù děi gǎnkuài qù qǔ.

学生A： 为什么？
Wèishénme?

学生B： 三天后邮局就要收取保管费了。
Sāntiān hòu yóujú jiù yào shōuqǔ bǎoguǎnfèi le.

学生A： 没关系！我现在就想去取了，听说包裹里
Méi guānxi! Wǒ xiànzài jiù xiǎng qù qǔ le, tīngshuō bāoguǒli

有很多好吃的东西呢。
yǒu hěn duō hǎochī de dōngxi ne.

学生B： 瞧你馋的！
Qiáo nǐ chán de!

새 단어

大概 dàgài	대략, 아마도
左右 zuǒyòu	가량, 내외, 안팎
表格 biǎogé	양식, 표, 도표
帮 bāng	돕다, 거들어 주다
收到 shōudào	받다, 수령하다
就 jiù	바로, 즉, 곧, 당장
取 qǔ	가지다, 찾다, 받다
写上 xiěshàng	기입하다, 기록하다
是否 shìfǒu	~인지 아닌지[주로 서면에 사용함]
封 fēng	봉하다, 막다, 밀폐하다
按照 ànzhào	~에 따라, ~에 근거하여, ~대로
凡是 fánshì	대강, 대체로, 무릇
印刷品 yìnshuāpǐn	인쇄물
拆 chāi	(붙어 있는 것을) 뜯다[떼다], 헐다, 해체하다, 분해하다
噎 yī	아! [비통이나 탄식을 나타냄]
大惊小怪 dàjīng xiǎoguài	좀 괴상한 것에 몹시 놀라다, 하찮은 일에 크게 놀라다
天哪 tiān na	어머나, 맙소사, 세상에
丢三落四 diūsān làsì	건망증이 심하다, 잘 빠뜨리다, 이것저것 잘 잊어버리다

保管费 bǎoguǎnfèi	보관비
一般来说 yībān láishuō	일반적으로 (말하면)
总是 zǒngshì	반드시, 결국, 늘
迟 chí	더디다, 느리다, 늦다
不用 bùyòng	~할 필요가 없다, 쓰지 않다
赶快 gǎnkuài	빨리, 얼른, 어서
馋 chán	식탐이 많다, 식욕이 많다, 게걸스럽다, 걸신들리다
前天 qiántiān	그저께
母亲 mǔqin	어머니
护照 hùzhào	여권
东西 dōngxi	물건, 물품
迟 chí	늦다
打听 dǎtīng	알아보다

구문 설명

1 "好不容易"

'겨우, 가까스로, 간신히'라는 의미로, 오랜 시간이나 노력을 들여 어떤 일을 겨우 해냈음을 나타낼 때 쓴다. 이 때 '好不容易'는 '好容易'와 의미가 같다.

- 我**好不容易**才封上口的呀!
- **好不容易**才见到你，你明天又要走了!
- 费了好大劲儿，**好不容易**才搬完了家。

2 "得"

'마땅히~해야 한다'라는 의미로, 이치상·사실상 혹은 의지상의 필요를 나타낼 때 쓴다. 주로 회화체에 많이 쓰인다.

- 我**得**赶快找找。
- 我还**得**考虑考虑。
- 家里有事，**得**快点儿回去。

연습문제

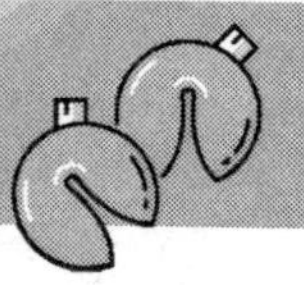

(1) 다음 뜻에 해당하는 단어를 고르시오.

1. '(우편으로) 부치다'
   A. 寄　　　　B. 收　　　　C. 检查　　　　D. 填表

2. '무게를 달다'
   A. 填写　　　　B. 称重　　　　C. 寄送　　　　D. 检查

3. '표에 작성하다'
   A. 检查单　　　　B. 填表　　　　C. 包裹　　　　D. 寄出

4. '신분증'
   A. 通知单　　　　B. 身份证　　　　C. 学生证　　　　D. 信

5. '제시하다'
   A. 填写　　　　B. 检查　　　　C. 出示　　　　D. 封口

6. '검사하다'
   A. 填写　　　　B. 检查　　　　C. 寄出　　　　D. 收到

7. '(소포를) 열다'

    A. 封口　　　　　B. 打开　　　　　C. 收到　　　　　D. 填表

8. '(편지를) 동봉하다'

    A. 夹带　　　　　B. 填写　　　　　C. 封口　　　　　D. 寄送

9. '(보관료를) 내다'

    A. 填表　　　　　B. 缴费　　　　　C. 检查　　　　　D. 寄出

10. '(우편으로) 부치다'

    A. 填表　　　　　B. 检查　　　　　C. 封口　　　　　D. 寄送

(2) 다음 뜻에 해당하는 단어를 쓰시오.

1. (우편으로) 부치다　　　▷ ____________

2. 무게를 달다　　　▷ ____________

3. 표에 기입하다　　　▷ ____________

4. (수령증을) 받다　　　▷ ____________

5. 신분증　　　▷ ____________

6. 학생증 ➡ ________________

7. (소포를) 검사하다 ➡ ________________

8. (편지를) 동봉하다 ➡ ________________

9. 현금 ➡ ________________

10. 소포 ➡ ________________

(3) 본문의 내용에 근거하여 다음 문장을 완성하시오.

1. 当然可以，我给你一________表格，请如实填写物品名称和价值。

2. 大概三公________左右。

3. 国际包裹需要________写海关申报单。

4. ________规定，凡是印刷品都得检查。

5. 你要________收件人的姓名、地址写清楚。

(4) 다음 단어들을 올바른 순서로 배열하여 문장을 완성하시오.

1. (我 / 一个 / 寄 / 包裹 / 想)

   ➡ ____

2. (请 / 称重 / 帮我 / 并 / 邮费 / 计算)

   ➡ ____

3. (我 / 身份证 / 的 / 是 / 这)

   ➡ ____

4. (得 / 找找 / 我 / 赶快)

   ➡ ____

5. (请 / 您的 / 出示 / 或者 / 身份证 / 学生证)

   ➡ ____

(5) 다음 문장을 해석하시오.

1. 国际包裹需要填写海关申报单，你带了吗?

   ➡ ____

2. 请在通知单背面写上您的姓名和证件号码。

　▶ ____

3. 按照规定，包裹里面是不能夹带信件的。

　▶ ____

4. 一共是两百块人民币。

　▶ ____

5. 哎呀，忘了带，我可以现场填吗?

　▶ ____

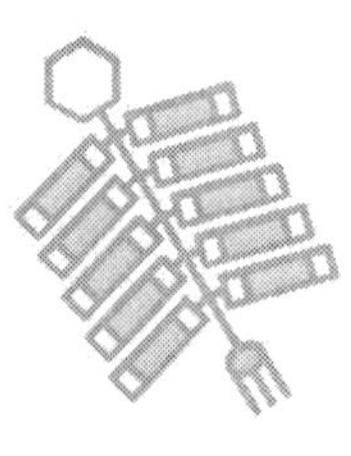

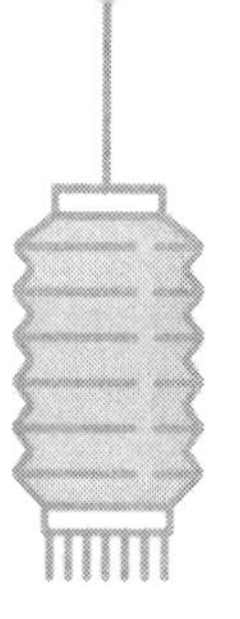

사진관

상용 표현

1. **我想照护照用的照片。**
Wǒ xiǎng zhào hùzhào yòng de zhàopiàn.

2. **您需要彩色的还是黑白的？**
Nín xūyào cǎisè de háishi hēibái de?

3. **可以加快处理吗？**
Kěyǐ jiākuài chǔlǐ ma?

4. **我急用。**
Wǒ jí yòng.

5. **请问几张照片？**
Qǐng wèn jǐ zhāng zhàopiàn?

6. **我要四张两寸的。**
Wǒ yào sì zhāng liǎng cùn de.

7. **一共多少钱？**
Yīgòng duōshǎo qián?

8. **给您六块。**
Gěi nín liù kuài.

9. **找您五毛。**
Zhǎo nín wǔ máo.

10. **两小时后可以取。**
Liǎng xiǎoshí hòu kěyǐ qǔ.

11. **请把帽子摘掉。**
Qǐng bǎ màozi zhāidiào.

12. **头发整理一下。**
Tóufa zhěnglǐ yīxià.

13. **坐直。**
Zuò zhí.

14. **眼睛看这里。**
Yǎnjing kàn zhèli.

15. **一、二、三，笑！**
Yī、èr、sān, xiào!

16. **明天中午来取照片。**
Míngtiān zhōngwǔ lái qǔ zhàopiàn.

17. **帮我整理头发可以吗？**
Bāng wǒ zhěnglǐ tóufa kěyǐ ma?

18. **笑容自然。**
Xiàoróng zìrán.

19. **准备，拍！**
Zhǔnbèi, pāi!

20. **别动了。**
Bié dòng le.

새 단어

照 zhào	(사진·영화를) 찍다, 촬영하다
护照 hùzhào	여권
照片 zhàopiàn	사진
彩色 cǎisè	컬러
黑白 hēibái	흑백
加快 jiākuài	빠르게 하다, 속도를 올리다
处理 chǔlǐ	처리하다, (일을) 안배하다, (문제를) 해결하다
急用 jí yòng	급용, 긴급한 수요
寸 cùn	촌[길이를 재는 단위]
一共 yīgòng	합계
块 kuài	위안[중국의 화폐 단위]
毛 máo	위안의 1/10
取 qǔ	찾다, 가지다, 찾아 가지다, 손에 넣다
帽子 màozi	모자
整理 zhěnglǐ	정리하다
直 zhí	똑바르다, 곧다, 곧게 하다, 곧게[바르게] 펴다[뻗다]
眼睛 yǎnjing	눈
笑 xiào	웃다
自然 zìrán	저절로, 자연히
准备 zhǔnbèi	준비하다

| 본문 | 상황 1 |  |

学生：　**老师，我想照护照用的照片。**
Lǎoshī, wǒ xiǎng zhào hùzhào yòng de zhàopiàn.

职员：　**好的，您需要彩色的还是黑白的？**
Zhào. Nín xūyào cǎisè de háishi hēibái de?

学生：　**彩色的，急用，可以快点吗？**
Cǎisè de, jí yòng, kěyǐ kuài diǎn ma?

职员：　**可以，我们尽量当天处理。几张呢？**
Kěyǐ, wǒmen jǐnliàng dāngtiān chǔlǐ. Jǐ zhāng ne?

学生：　**四张两寸的。**
Sì zhāng liǎng cùn de.

职员：　**好，一共五块五毛。**
Hǎo, yīgòng wǔ kuài wǔ máo.

学生：　**给您六块。**
Gěi nín liù kuài.

职员：　**找您五毛。照片两小时后可以取。**
Zhǎo nín wǔ máo. Zhàopiàn liǎng xiǎoshí hòu kěyǐ qǔ.

学生：　**好的，谢谢！**
Hǎo de, xièxie!

<table>
<tr><td>본문</td><td>상황 2</td></tr>
</table>

学生 ：
师傅，我要照学生证用的照片。
Shīfu, wǒ yào zhào xuéshengzhèng yòng de zhàopiàn.

摄影师 ：
好的，两寸的吧？
Hǎo de, liǎng cùn de ba?

学生 ：
对，要黑白的，四张。
Duì, yào hēibái de, sì zhāng.

摄影师 ：
请把帽子摘掉，头发整理一下，坐直。
Qǐng bǎ màozi zhāidiào, tóufa zhěnglǐ yīxià, zuò zhí.

学生 ：
好，这样行吗？
Hǎo, zhèyàng xíng ma?

摄影师 ：
嗯，眼睛看这里，一、二、三，笑。
Ńg, yǎnjing kàn zhèli, yī、èr、sān, xiào.

学生 ：
好了，谢谢！
Hǎo le, xièxie!

摄影师 ：
不客气，下午三点来取照片。
Bù kèqi, xiàwǔ sān diǎn lái qǔ zhàopiàn.

| 본문 | 상황 3 |

学生 ： **师傅，我们全家想照一张合影。**
Shīfu, wǒmen quánjiā xiǎng zhào yī zhāng héyǐng.

摄影师 ： **好的，请大家站好，父母在后，孩子在前。**
Hǎo de, qǐng dàjiā zhànhǎo, fùmǔ zài hòu, háizi zài qián.

学生 ： **可以帮我们整理一下头发吗?**
Kěyǐ bāng wǒmen zhěnglǐ yīxià tóufa ma?

摄影师 ： **当然可以，把头稍微靠近一点，笑容自然。**
Dāngrán kěyǐ, bǎ tóu shāowēi kàojìn yīdiǎn, xiàoróng zìrán.

学生 ： **好，我看镜子里还可以吗?**
Hǎo, wǒ kàn jìngzili hái kěyǐ ma?

摄影师 ： **可以，准备，一、二、三，拍! 好了!**
Kěyǐ, zhǔnbèi, yī、èr、sān, pāi! Hǎo le!

学生 ： **太好了，谢谢师傅!**
Tài hǎo le, xièxie shīfu!

摄影师 ： **不客气，明天中午来取照片吧。**
Bù kèqi, míngtiān zhōngwǔ lái qǔ zhàopiàn ba.

본문 　상황 4

学生：
先生，你们这儿照半身免冠的标准照吗？
Xiānsheng, nǐmen zhèr zhào bànshēn miǎnguān de biāozhǔnzhào ma?

职员：
照。您照黑白的还是彩色的？
Zhào. Nín zhào hēibái de háishi cǎisè de?

学生：
彩色的。我急等着用，能不能加快？
Cǎisè de. Wǒ jí děng zhe yòng, néng bù néng jiākuài?

职员：
彩照不行，黑白的可以。
Cǎizhào bù xíng, hēibái de kěyǐ.

学生：
那就照黑白的吧，要四张。
Nà jiù zhào hēibái de ba, yào sì zhāng.

职员：
多大？ 一寸还是两寸？
Duō dà? Yī cùn háishi liǎng cùn?

学生：
两寸。
Liǎng cùn.

职员：
四块八毛。
Sì kuài bā máo.

学生：
给你五块。
Gěi nǐ wǔ kuài.

职员: 找你两毛。这是发票，拿着发票到摄影室拍照。
Zhǎo nǐ liǎng máo. Zhè shì fāpiào, ná zhe fāpiào dào shèyǐngshì pāizhào.

今天下午五点来取，
Jīntiān xiàwǔ wǔ diǎn lái qǔ,

别忘了，取照片时要带发票。
bié wàng le, qǔ zhàopiàn shí yào dài fāpiào.

学生: 好的，谢谢。
Hǎo de, xièxie.

（进摄影室）
(Jìn shèyǐngshì)

学生: 师傅，正忙着啊？
Shīfu, zhèng máng zhe a?

摄影师: 嗯，拍照啊？
ńg, pāizhào a?

学生: 对，我照两寸的黑白照，是这儿吗？
Duì, wǒ zhào liǎng cùn de hēibái zhào, shì zhèr ma?

摄影师: 对，请稍等一会儿，……好了，到那边凳子上坐好，
Duì, qǐng shāo děng yīhuìr, ……hǎo le, dào nàbiān dèngzi shàng zuòhǎo,

把帽子拿下来。
bǎ màozi náxiàlái.

学生: 这样行了吗？
Zhèyàng xíng le ma?

摄影师：　**我看看，噢，把前面的头发往上搞一搞，**
Wǒ kàn kàn, ào, bǎ qiánmiàn de tóufa wǎng shàng gǎo yī gǎo,

别挡着眼睛了。对，对，身子再转过来一点儿，
bié dǎng zhe yǎnjing le. Duì, duì, shēnzi zài zhuǎnguòlái yīdiǎnr,

头向上抬一抬，坐直了，
tóu xiàng shàng tái yī tái, zuò zhí le,

眼睛看这边，我说一、二、三，您就笑。
yǎnjing kàn zhèbiān, wǒ shuō yī、èr、sān, nín jiù xiào.

好，别动了，照了，一、二、三，笑，好。
Hǎo, bié dòng le, zhào le, yī、èr、sān, xiào, hǎo.

学生：　**谢谢，再见！**
Xièxie, zàijiàn!

摄影师：　**再见！**
Zàijiàn!

새 단어

尽量 jǐnliàng	가능한 한, 될 수 있는 대로, 되도록, 최대한
当天 dāngtiān	당일, 같은 날
半身 bàn shēn	반신
免冠 miǎnguān	모자를 벗다
标准 biāozhǔn	표준, 기준, 표준 규격
合影 héyǐng	단체사진, (두 사람이나 여럿이) 함께 사진을 찍다
父母 fùmǔ	부모
孩子 háizi	아이
靠近 kàojìn	가까이 다가가다, 접근하다
镜子 jìngzi	거울
发票 fāpiào	영수증
摄影室 shèyǐngshì	촬영실, 스튜디오
凳子 dèngzi	걸상, 등받이가 없는 의자
挡 dǎng	가리다, 막다
身子 shēnzi	몸, 신체

구문 설명

1 "正"

‘마침, 한창’이라는 의미로, 동작이 진행중이거나 상태가 지속됨을 나타낼 때 쓴다.

○ 师傅, <u>正</u>忙着啊?

○ <u>正</u>下着雨呢。

○ 现在<u>正</u>开着会。

2 "向"

‘~를 향하여, ~로’라는 의미로, 동작의 방향을 가리킬 때 쓴다.

○ 头<u>向</u>上抬一抬。

○ <u>向</u>西一直走就到邮局了?

○ <u>向</u>前看。

연습문제

(1) 다음 뜻에 해당하는 단어를 고르시오.

1. '여권'
   A. 护照　　　　B. 学生证　　　　C. 半身照　　　　D. 合影

2. '모자를 벗다'
   A. 戴帽子　　　B. 摘帽子　　　　C. 整理　　　　　D. 坐直

3. '준비하다'
   A. 照　　　　　B. 拍　　　　　　C. 取　　　　　　D. 准备

4. '사진'
   A. 照片　　　　B. 合影　　　　　C. 标准照　　　　D. 学生证

5. '표준 규격 사진'
   A. 半身照　　　B. 合影　　　　　C. 标准照　　　　D. 彩照

6. '촬영실'
   A. 照片馆　　　B. 摄影室　　　　C. 学校　　　　　D. 银行

7. '자연스럽게 웃다'

    A. 笑容自然   B. 坐直   C. 整理   D. 准备

8. '(머리를) 정리하다'

    A. 整理   B. 戴帽子   C. 拍   D. 坐直

9. '두 시간 후에 찾다'

    A. 当天取   B. 两小时后取   C. 立刻取   D. 明天取

10. '영수증'

    A. 发票   B. 车票   C. 门票   D. 机票

(2) 다음 뜻에 해당하는 단어를 쓰시오.

1. (사진을) 찍다   ▶ _______________

2. 여권   ▶ _______________

3. 학생증   ▶ _______________

4. 단체사진   ▶ _______________

5. 모자   ▶ _______________

6. (머리를) 정리하다 ▷ _______________

7. 당일 ▷ _______________

8. 자연스럽게 웃다 ▷ _______________

9. 준비하다 ▷ _______________

10. 사진 ▷ _______________

(3) 본문의 내용에 근거하여 다음 문장을 완성하시오.

1. 师傅，我要______学生证用的照片。

2. 请______帽子摘掉。

3. 两小______后可以取。

4. 四______两寸的照片。

5. 您需要彩色的______黑白的?

(4) 다음 단어들을 올바른 순서로 배열하여 문장을 완성하시오.

1. (我 / 四张 / 照 / 照片 / 两寸)

   ▷ ________________________________

2. (帮我 / 请 / 头发 / 整理)

   ▷ ________________________________

3. (两小时后 / 取 / 来 / 照片)

   ▷ ________________________________

4. (照片 / 取 / 时 / 带 / 要 / 发票)

   ▷ ________________________________

5. (可以 / 处理 / 吗 / 加快)

   ▷ ________________________________

(5) 다음 문장을 해석하시오.

1. 请把帽子摘掉。

   ▷ ________________________________

2. 两小时后可以取。

   ▷ ____

3. 彩色不行，黑白的可以

   ▷ ____

4. 笑容自然。

   ▷ ____

5. 明天中午来取照片吧。

   ▷ ____

MEMO

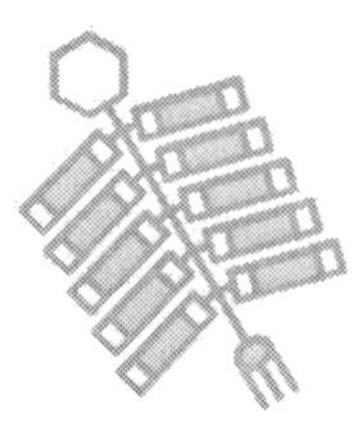

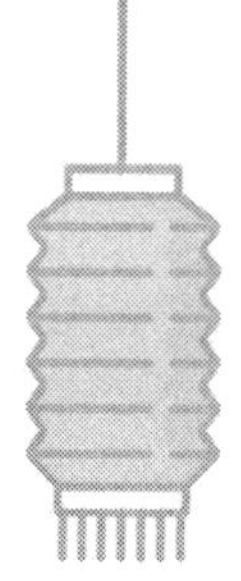

복습 Ⅱ

〈제7과〉

(1) 다음 문장을 해석하시오.

1. 请问，这个多少钱?

   ▷ ________________________________

2. 太贵了，可以便宜一点吗?

   ▷ ________________________________

3. 我要买这个。

   ▷ ________________________________

4. 给我称一斤苹果。

   ▷ ________________________________

5. 再来一点儿。

   ▷ ________________________________

6. 不要了，谢谢。

   ▷ ________________________________

7. 可以试试吗?

   ▷ ________________________________

8. 我看看。

 ➡ _______________________________

9. 太小了。

 ➡ _______________________________

10. 给我包起来。

 ➡ _______________________________

11. 一共多少钱?

 ➡ _______________________________

12. 找您零钱。

 ➡ _______________________________

13. 可以刷卡吗?

 ➡ _______________________________

14. 我想看看其他的颜色。

 ➡ _______________________________

15. 这有折扣吗?

 ➡ _______________________________

16. 还要别的吗?

    ▷ ____

17. 我要两斤香蕉。

    ▷ ____

18. 帮我拿一下，好吗?

    ▷ ____

19. 这个有其他款式吗?

    ▷ ____

20. 请问您要多大杯的?

    ▷ ____

(2) 다음 뜻에 해당하는 단어를 쓰시오.

1. 바나나　　　　　　　　▷ _______________

2. 사과　　　　　　　　　▷ _______________

3. 토마토　　　　　　　　▷ _______________

4. 천 신발　　　　　　　▷ _______________

5. 켤레　　　　　　　　　▷ _______________

6. 계산대　　➡ ________________

7. 총합 / 모두　　➡ ________________

8. 잔돈　　➡ ________________

9. 오렌지 주스　　➡ ________________

10. 잠시 기다리다　　➡ ________________

〈제8과〉

(1) 다음 문장을 해석하시오.

1. 我想挂号。

　　➡ ________________________________

2. 请出示您的病历。

　　➡ ________________________________

3. 给您挂号单。

　　➡ ________________________________

4. 挂号多少钱?

　　➡ ________________________________

5. 我挂内科。

6. 今天有专家门诊吗?

7. 大夫，我不舒服。

8. 请问有什么症状?

9. 我发烧了。

10. 请量一下体温。

11. 我咳嗽、头疼。

12. 医生给我开了药。

13. 我需要打针。

14. 请注意休息。

　　➡ ____

15. 多喝水有助于康复。

　　➡ ____

16. 我拿处方去取药。

　　➡ ____

17. 药应该饭后服用。

　　➡ ____

18. 这瓶药水是外用的。

　　➡ ____

19. 复诊时间是什么时候?

　　➡ ____

20. 看完病后请按时复诊。

　　➡ ____

(2) 다음 뜻에 해당하는 단어를 쓰시오.

　1. 접수하다　　　　　　　　　➡ _______________

2. 접수증 ▶ _______________

3. 전문의 진료 ▶ _______________

4. 진료 차트 / 진료 기록 ▶ _______________

5. 증상 ▶ _______________

6. 체온을 재다 ▶ _______________

7. 주사 맞다[놓다] ▶ _______________

8. 약을 처방하다 ▶ _______________

9. 식후 복용 ▶ _______________

10. 재진(하다) ▶ _______________

〈제9과〉

(1) 다음 문장을 해석하시오.

1. 请问现在还能买到票吗?

    ▶ ____

2. 我们想换到后面一点的座位。

    ▶ ____

3. 这场电影几点开始?

　　▷ ________________________________

4. 剩下的座位还有哪些?

　　▷ ________________________________

5. 这里的味道太大了，我有点受不了。

　　▷ ________________________________

6. 入口在哪儿?

　　▷ ________________________________

7. 我们要两张连座的票。

　　▷ ________________________________

8. 这是今天最后一场了。

　　▷ ________________________________

9. 要不要先去服务台问问?

　　▷ ________________________________

10. 我们是不是走错厅了?

　　▷ ________________________________

11. 你看票上写着几排几号?

    ▷ ___________________________

12. 能不能给我们安排在一起?

    ▷ ___________________________

13. 这边太吵了，能换个地方吗?

    ▷ ___________________________

14. 电影快开演了，我们赶紧进去吧。

    ▷ ___________________________

15. 今天的人好多，会不会客满?

    ▷ ___________________________

16. 我还没拿到票。

    ▷ ___________________________

17. 我们去买点儿饮料再进去吧。

    ▷ ___________________________

18. 你先进去，我马上到。

    ▷ ___________________________

19. 这部电影听说很好看。

　▶ ____

20. 对号入座，请不要随便换座位。

　▶ ____

(2) 다음 뜻에 해당하는 단어를 쓰시오.

1. (연극·영화 따위를) 시작하다　　▶ _______________

2. 표　　▶ _______________

3. 좌석　　▶ _______________

4. 만원(滿員)이다　　▶ _______________

5. 안내 데스크　　▶ _______________

6. 입구　　▶ _______________

7. 배치하다 / 배정하다　　▶ _______________

8. 연좌(하다)　　▶ _______________

9. 음료　　▶ _______________

10. 운이 좋다　　▶ _______________

〈제10과〉

(1) 다음 문장을 해석하시오.

1. 我想寄包裹。

   ▶ ________________________________

2. 包裹寄到国外可以吗?

   ▶ ________________________________

3. 请问包裹的重量是多少?

   ▶ ________________________________

4. 国际包裹需要填写海关申报单。

   ▶ ________________________________

5. 你带海关申报单了吗?

   ▶ ________________________________

6. 可以现场填写。

   ▶ ________________________________

7. 请如实填写物品名称和价值。

   ▶ ________________________________

8. 我来帮你称重并计算邮费。

  ▷ _________________________________

9. 一共是两百块人民币。

  ▷ _________________________________

10. 给您现金，可以吗?

  ▷ _________________________________

11. 收到款项后就可以寄出。

  ▷ _________________________________

12. 我收到一张包裹通知单。

  ▷ _________________________________

13. 请出示您的身份证或者学生证。

  ▷ _________________________________

14. 请在通知单背面写上您的姓名和证件号码。

  ▷ _________________________________

15. 请检查一下物品是否完整。

  ▷ _________________________________

16. 按照规定，包裹里面不能夹带信件。

    ➡ ____

17. 寄包裹时得先给工作人员检查。

    ➡ ____

18. 我就把它拆开来给您看看。

    ➡ ____

19. 别忘了带证件。

    ➡ ____

20. 祝您生活愉快!

    ➡ ____

(2) 다음 뜻에 해당하는 단어를 쓰시오.

1. (우편으로) 부치다   ➡ ____________

2. 무게를 달다   ➡ ____________

3. 표에 기입하다   ➡ ____________

4. (수령증을) 받다   ➡ ____________

5. 신분증   ➡ ____________

6. 학생증　　▷ _______________

7. (소포를) 검사하다　　▷ _______________

8. (편지를) 동봉하다　　▷ _______________

9. 현금　　▷ _______________

10. 소포　　▷ _______________

〈제11과〉

(1) 다음 문장을 해석하시오.

1. 我想照护照用的照片。

　▷ ____

2. 您需要彩色的还是黑白的?

　▷ ____

3. 可以加快处理吗?

　▷ ____

4. 我急用。

　▷ ____

5. 请问几张照片?

6. 我要四张两寸的。

7. 一共多少钱?

8. 给您六块。

9. 找您五毛。

10. 两小时后可以取。

11. 请把帽子摘掉。

12. 头发整理一下。

13. 坐直。

   ▷ ____

14. 眼睛看这里。

   ▷ ____

15. 一、二、三, 笑!

   ▷ ____

16. 明天中午来取照片。

   ▷ ____

17. 帮我整理头发可以吗?

   ▷ ____

18. 笑容自然。

   ▷ ____

19. 准备, 拍!

   ▷ ____

20. 别动了。

   ▷ ____

(2) 다음 뜻에 해당하는 단어를 쓰시오.

1. (사진을) 찍다   ➡ ______________

2. 여권   ➡ ______________

3. 학생증   ➡ ______________

4. 단체사진   ➡ ______________

5. 모자   ➡ ______________

6. (머리를) 정리하다   ➡ ______________

7. 당일   ➡ ______________

8. 자연스럽게 웃다   ➡ ______________

9. 준비하다   ➡ ______________

10. 사진   ➡ ______________

본문 해석

상용 표현

1. 이 선생님이신가요?
2. 지금 통화 가능하신가요?
3. 여보세요, 안녕하세요. 여기는 베이징 회사입니다.
4. 누구를 찾으시나요?
5. 그는 지금 자리에 없습니다. 무슨 일이신가요?
6. 제가 대신 메시지를 남겨드릴까요?
7. 편하실 때 저에게 전화 주세요.
8. 지금 회의 중이라, 잠시 후 연락드리겠습니다.
9. 거신 전화는 받는 사람이 없습니다.
10. 통화 중입니다. 잠시 후 다시 걸어 주세요.
11. 죄송합니다. 신호가 안 좋아서 잘 들리지 않습니다.
12. 목소리가 조금 작습니다.
13. 다시 한 번 말씀해 주세요.
14. 저에게 위챗이나 이메일을 보내주실 수 있나요?
15. 전화가 끊어진 것 같다.
16. 내일 다시 연락합시다.
17. 제가 다시 전화드리겠습니다.
18. 번거로우시겠지만, 잠시 후에 저에게 전화 좀 부탁드립니다.
19. 전화 주셔서 감사합니다.
20. 안녕히 계세요. 즐거운 하루 되세요!

상황 1

손님: 여보세요, 금룡호텔 맞나요?
직원: 네, 맞습니다. 무엇을 도와드릴까요?

손님: 제가 예약한 방을 확인하고 싶습니다.
직원: 네, 언제 입실로 예약하셨나요?
손님: 내일 저녁입니다. 이름은 이명입니다.
직원: 네, 이 선생님. 1인실 한 개를 예약하셨습니다. 당싱을 위해 이미 예약해두었습니다.
손님: 정말 좋습니다. 감사합니다!
직원: 천만에요. 방문을 기다리겠습니다!

상황 2

손님: 여보세요, 해양그랜드호텔인가요?
직원: 네, 무엇을 도와드릴까요?
손님: 오늘 저녁 7시 네 명 자리 예약하고 싶습니다.
직원: 네, 성함이 어떻게 되시나요?
손님: 제 성은 왕입니다.
직원: 네, 왕 선생님. 오늘 저녁 7시 네 분 자리 예약해 드렸습니다.
손님: 감사합니다!
직원: 천만에요. 방문을 환영합니다!

상황 3

손님: 여보세요, 택시 한 대 부를 수 있나요?
기사: 네, 가능합니다. 어디에 계신가요?
손님: 인민로 120번지에 있습니다.
기사: 알겠습니다. 어디로 가시나요?
손님: 공항으로 갑니다. 감사합니다.
기사: 알겠습니다. 택시 곧 도착합니다.
손님: 정말 감사합니다!
기사: 천만에요. 잠시만 기다려 주세요.

상황 4

학생 A: 여보세요, 누구신가요?
학생 B: 저는 샤오장의 친구인데요, 417호 맞나요?
학생 A: 아니에요, 여기는 412호예요.
학생 B: 아, 죄송합니다!
학생 B: (다시 전화) 여보세요, 417호 맞나요?
학생 C: 네.
학생 B: 샤오장 있나요?
학생 C: 샤오장은 상점에 물건 사러 갔는데, 누구세요?

학생 B: 저는 그녀의 친구인데요, 그녀가 언제쯤 돌아오는지 아시나요?

학생 C: 잘 모르겠어요. 무슨 일로 그녀를 찾으시나요?

학생 B: 네, 번거로우시겠지만 그녀에게 좀 전해 주실 수 있나요?

학생 C: 가능합니다. 잠시만 기다려 주세요. 종이와 펜을 가져올 테니, 전화 끊지 마세요.
　　　　(종이와 펜을 가지고 와서) 네, 말씀하세요.

학생 B: 이런 내용입니다. 샤오양이 샤오장한테 샤오황에게 전해달라고 했어요.
　　　　샤오왕이 일이 있어서 그녀를 찾고 있으니, 오늘 저녁 6시에 샤오왕 집에 한 번 들르라고요.

학생 C: 맙소사, 다시 한 번 말씀해 주시겠어요?
　　　　천천히 말씀해 주세요. 안 그러면 적을 수가 없어요.

학생 B: 샤오양이 샤오장한테 샤오황에게 전해달라고 했어요.
　　　　샤오왕이 일이 있어서 그녀를 찾고 있으니, 오늘 저녁 6시에 샤오왕 집에 한 번 들르라고요.

학생 C: 알겠습니다. 성함이 어떻게 되시나요? 전화번호를 남겨주실 수 있나요?
　　　　그녀가 돌아오면, 그녀로 하여금 당신에게 연락할 수 있도록 할게요.

학생 B: 제 성은 당이고, 전화번호는 3365714번에 내선 541입니다.

학생 C: 네, 꼭 전해 드릴게요.

학생 B: 감사합니다. 안녕히 계세요.

학생 C: 안녕히 계세요.

제2과 교통

상용 표현

1. 실례지만, 여기서 기차역까지 어떻게 가나요?
2. 다음 버스는 몇 시에 오나요?
3. 이 차는 시 중심으로 가나요?
4. 어디서 환승하나요?
5. 지하철표 두 장 주세요.
6. 이 노선은 공항까지 가나요?
7. 이동 시간은 대략 얼마나 되나요?
8. 노선도를 좀 봐 주시겠어요?
9. 저는 다음 정류장에서 내립니다.
10. 기사님, 잠시 세워주세요.
11. 공항 급행은 어디서 타나요?
12. 여기서 교통카드를 살 수 있나요?
13. 짐을 짐 받이 선반 위에 올려 주세요.
14. 종점에서 환승합니다.
15. 역 도착 시간을 확인하고 싶습니다.

16. 차표를 보여주세요.
17. 이 길은 지금 좀 막힌다.
18. 택시 한 대 불러 주실 수 있나요?
19. 항공편은 몇 시에 탑승 시작하나요?
20. 휴대품을 잘 보관해주세요.

상황 1

학생: 실례합니다, 기차역에 가려면 몇 번 버스를 타야 하나요?
시민: 28번을 타세요. 이쪽에서 타면 됩니다.
학생: 기차역까지 얼마나 걸리나요?
시민: 대략 20분 정도요.
학생: 하차 장소는 알아보기 쉽나요?
시민: 아주 쉬워요. 큰 광장이 보이면 도착한 거예요.
학생: 알겠습니다, 감사합니다!

상황 2

여행객: 아가씨, 실례합니다. 시 중심에 가려면 어느 노선을 타야 하나요?
직원: 2호선을 타세요. 앞쪽 오른편으로 들어가세요.
여행객: 편도표 한 장 주세요.
직원: 한 장에 4위안입니다.
여행객: 지하철 안에서 환승할 수 있나요?
직원: 네, '인민광장' 역에서 1호선으로 갈아타세요.
여행객: 네, 감사합니다.

상황 3

여행객: 기사님, 공항까지 얼마나 걸리나요?
기사: 차가 막히지 않으면, 대략 35분 정도 걸립니다.
여행객: 고속도로로 가나요, 시내로 가나요?
기사: 고속도로로 가는 걸 추천합니다. 비교적 빠르거든요.
여행객: 네, 부탁드리겠습니다.
기사: 공항은 T2 터미널인가요?
여행객: 네, T2입니다.
기사: 알겠습니다. 도착하면 알려드릴게요.

상황 4

학생: 실례합니다, 국제선을 타려면 이쪽으로 가면 되나요?

직원: 네, 공항세는 내셨나요?

학생: 냈습니다.

직원: 지금 세관으로 가서 출국 수속을 하세요.

(세관에서)

세관 직원: 먼저 수하물 신고서 한 장을 작성해 주세요.

학생: 네.

세관 직원: 여권과 비행기 표는요?

학생: 여기 있습니다.

세관 직원: 이것이 고객님의 짐인가요?

학생: 네, 이 캐리어와 핸드백 모두 제 것입니다.

(수하물 취급소)

학생: 아가씨, 뉴욕행 7348편은 여기서 탑승하나요?

직원: 네, 여권과 비행기 표를 보여 주세요.

학생: 네.

직원: 짐을 여기에 놓고 무게를 재주세요.

학생: 제 짐이 저와 같은 비행기로 도착하나요?

직원: 네, 수하물 태그를 잘 챙겨서 짐에 묶어 주세요.

학생: 이 핸드백도 올려야 하나요?

직원: 아니요, 기내에 가지고 타셔도 됩니다.

학생: 대기실은 어디에 있나요?

직원: 여기서 우회전해서 보안검색대를 지나면 보이실 거예요.

학생: 제 항공편은 몇 번 게이트에서 탑승하나요?

직원: 8번 게이트입니다. 됐습니다. 이건 탑승권입니다. 즐거운 여행되세요.

학생: 감사합니다!

제3과 호텔

상용 표현

1. 안녕하세요, 혹시 방이 있나요?
2. 저는 1인실을 예약하고 싶습니다.
3. 1박에 얼마인가요?
4. 침대 하나가 필요합니다.
5. 체크인(입실) 수속을 도와주세요.
6. 이것은 제 신분증입니다.

7. 현금으로 결제해도 되나요?

8. 방 안에 전화가 있나요?

9. 욕실이 딸린 방을 원합니다.

10. 방 열쇠 하나 주세요.

11. 몇 일 묵으시나요?

12. 택시를 불러 주실 수 있나요?

13. 숙박 기간을 연장하고 싶습니다.

14. 아침 식사는 몇 시에 시작하나요?

15. 방을 한 번 볼 수 있을까요?

16. 와이파이 비밀번호가 몇 번인가요?

17. 제 방이 너무 덥습니다.

18. 세탁 서비스는 어디에 있나요?

19. 체크아웃하고 싶습니다.

20. 도와주셔서 감사합니다!

상황 1

직원: 안녕하세요!

손님: 안녕하세요! 1인실이 있나요?

직원: 있습니다.

손님: 1인실로 하겠습니다.

직원: 숙박부를 작성해 주세요.

손님: 이렇게 작성하면 되나요?

직원: 네, 이것은 방 열쇠입니다.
　　　818호실입니다.

손님: 네, 감사합니다!

직원: 천만에요!

상황 2

손님: 아가씨, 1인실은 하루에 얼마인가요?

직원: 60위안입니다.

손님: 욕실이 있나요?

직원: 있습니다. 전화, 텔레비전, 화장실도 있습니다.

손님: 좋습니다. 1인실로 하겠습니다.

직원: 신분증을 좀 보여 주시고, 숙박부를 작성해주세요.

손님: 감사합니다. 아가씨, 저는 어느 방에 묵나요?

직원: 518호실에 묵으십니다. 이것은 방 열쇠입니다.

직원: 안녕히 가세요!

상황 3

손님: 안녕하세요, 여기가 프런트인가요?

직원: 네, 체크인하시겠습니까?

손님: 오늘 밤에 묵을 1인실을 예약하고 싶습니다.

직원: 네, 신분증이 있으신가요?

손님: 네, 여기 제 신분증입니다.

직원: 감사합니다. 숙박부를 작성해 주세요.

손님: 네, 다 작성했습니다.

직원: 이것은 방 열쇠입니다. 518호실입니다.

손님: 방에 와이파이가 있나요?

직원: 네, 비밀번호는 방 카드키에 적혀 있습니다.

손님: 네, 감사합니다!

직원: 천만에요! 즐거운 숙박되세요.

상황 4

손님: 안녕하세요, 체크아웃하겠습니다.

직원: 네, 방 번호가 어떻게 되시나요?

손님: 518호실입니다.

직원: 알겠습니다. 잠시만 기다려 주세요. 계산해 드리겠습니다.

손님: 카드로 결제할 수 있나요?

직원: 가능합니다. 총 600위안입니다.

손님: 네, 카드로 결제하겠습니다.

직원: 감사합니다! 즐거운 여행되세요. 안녕히 가세요!

손님: 안녕히 계세요!

제4과 식당

상용 표현

1. 자리 있나요?
2. 저희는 두 사람 자리를 원합니다.
3. 메뉴판 주실 수 있나요?
4. 추천 요리가 있나요?
5. 宫保鸡丁 한 개 주세요.
6. 물 한 주전자 주세요.
7. 이 요리 맵나요?
8. 우선 이 요리들 주세요.

9. 밥 하나 더 주세요.

10. 언제쯤 요리가 나올까요?

11. 주스 좀 마시고 싶어요.

12. 맥주 두 잔 주세요.

13. 큰 잔이요 아니면 작은 잔이요?

14. 충분합니다, 감사합니다.

15. 급하지 않으니, 천천히 해주세요.

16. 계산해 주세요, 감사합니다.

17. 오늘은 제가 살게요.

18. 너무 친절하시네요.

19. 카드로 결제할 수 있나요?

20. 남은 것은 팁입니다. 받아 주세요.

상황 1

직원: 어서 오세요. 몇 분이신가요?

손님 A: 세 명입니다.

직원: 네, 저를 따라 오세요. 이것은 메뉴판입니다.

손님 A: 뭐 드실래요?

손님 B: 红烧牛肉 한 접시 주문할게요.

손님 C: 저는 清蒸鱼 한 접시 주문할게요.

손님 A: 炒青菜 한 접시와 鸡蛋汤 하나 더 주세요.

직원: 주식은 무엇으로 하시겠어요?

손님 B: 밥 세 공기 주세요.

직원: 무엇을 좀 마시겠습니까?

손님 C: 차 한 주전자 주세요.

직원: 네, 잠시만 기다려 주세요.

상황 2

직원: 몇 분이신가요?

손님 A: 네 명입니다.

직원: 이쪽으로 오세요. 앉으세요, 이것은 메뉴판입니다.

손님 A: 주문합시다. 뭐 드실래요?

손님 B: 回锅肉 한 접시 주세요.

손님 C: 저는 炒面 한 접시요.

손님 D: 저는 酸辣汤 한 그릇과 羊肉串 두 개 주세요.

손님 A: 小笼包도 하나 더 주세요.

직원: 네, 음료는 무엇으로 하시겠어요?

손님 B: 콜라 네 잔 주세요.
직원: 알겠습니다. 바로 가져다드릴게요.

상황 3

직원: 선생님, 몇 분 식사하시나요?
손님 A: 두 명입니다.
직원: 여기 앉으세요. 여기 메뉴판 있습니다.
손님 A: 감사합니다! (손님 B에게) 주문하세요.
손님 B: 괜찮아요, 저는 뭐든지 잘 먹어요.
손님 A: 그럼 먼저 盐水鸭 한 접시와 素什锦 한 접시,
        그리고 鱼香肉丝 한 접시, 宫爆鸡丁 한 접시,
        麻婆豆腐 한 접시, 蘑菇青菜 한 접시 주세요.
직원: 큰 걸로 드릴까요, 작은 걸로 드릴까요?
손님 B: 작은 거면 충분할 것 같아요.
직원: 주식은 뭘로 하시겠어요?
손님 B: 三鲜炒饭 두 그릇 주세요.
직원: 마실 거는요?
손님 A: 음료 좀 주세요.
손님 B: (음료 메뉴판을 보며) 맥주 좀 마시는 거, 어때요?
손님 A: 두 병 주세요.
직원: 네, 먼저 차 드시면서 잠시만 기다려 주세요.

상황 4

A: 어때요? 배부르신가요?
B: 오늘 정말 배부르게 잘 먹었어요. 식당보다 훨씬 맛있네요.
A: 술 좀 더 마시시죠.
B: 아니요, 더 마시면 취할 것 같아요.
A: 과일 좀 드실래요?
B: (배불러서) 못 먹어요.
A: 알겠습니다. 아가씨, 계산해 주세요.
B: 제가 계산할게요.
A: 아니에요, 오늘은 제가 살게요. 제가 낼게요.
B: 정말 죄송하네요, 과용하시게 해서.
A: 무슨 말씀이세요, 너무 겸손하십니다.
   참, 아가씨, 남은 건 팁이니 받아 주세요.
직원: 죄송합니다. 저희는 팁을 받지 않습니다.

제5과 은행

상용 표현

 1. 안녕하세요, 어떤 업무를 보시겠습니까?
 2. 예금 계좌를 개설하고 싶습니다.
 3. 현금을 예금할 수 있나요?
 4. 정기예금 이자는 얼마인가요?
 5. 돈을 (일부) 인출하고 싶습니다.
 6. 계좌 잔액을 조회해주세요.
 7. 달러로 환전하고 싶습니다.
 8. 오늘 환율이 얼마인가요?
 9. 외화 환전 업무를 보고 싶습니다.
10. 출금신청서가 필요합니다.
11. 개인 대출을 원하시나요, 아니면 기업 대출을 원하시나요?
12. 개인 대출을 신청하고 싶습니다.
13. 대출 기간은 얼마나 선택할 수 있나요?
14. 대출 금리는 얼마인가요?
15. 조기 상환하고 싶은데, 가능할까요?
16. 거래 내역을 출력해주세요.
17. 은행카드로 결제할 수 있나요?
18. 제 계좌에 마이너스 한도가 있나요?
19. 인터넷 뱅킹을 개설할 수 있나요?
20. 은행카드 분실신고를 해야 합니다.

상황 1

고객: 저기, 예금을 하려고 하는데요.
은행원: 보통예금으로 하실 겁니까? 아니면 정기예금으로 하실 겁니까?
고객: 정기예금의 이자는 얼마입니까?
은행원: 인민폐 100위안의 1년 이자는 10.81위안입니다.
고객: 알겠습니다, 1년 예치하겠습니다.
은행원: 입금 용지에 기입해 주세요.

상황 2

고객: 저기, 돈을 찾으려고 하는데요.
은행원: 출금 용지에 기입해 주세요.
고객: 이렇게 적으면 됩니까?
은행원: 예, 이건 손님 통장입니다. 받으십시오.

고객: 감사합니다.

상황 3

고객: 저, 환전을 하려고 하는데요.
은행원: 어떤 외화입니까?
고객: 달러입니다.
은행원: 먼저 환전 용지에 기입해 주세요.
고객: 중국어로 써야 합니까 아니면 영어로 써야 합니까?
은행원: 다 됩니다.
고객: 봐주세요, 이렇게 적으면 됩니까?
은행원: 네. 어느 나라 사람입니까?
고객: 미국 사람입니다.
은행원: 여권을 좀 보여주세요.
고객: 네, 오늘 달러와 인민폐의 환율이 얼마입니까?
은행원: 1달러에 8.75위안입니다. 얼마 바꾸시겠습니까?
고객: 100달러 바꿀게요.
은행원: 여기 환전하신 인민폐 있습니다. 총 875위안 입니다. 세어 보세요.
고객: 맞습니다. 감사합니다.
은행원: 천만에요.

상황 4

고객: 선생님, 대출 업무를 상담하고 싶습니다.
직원: 개인 대출을 원하시나요, 아니면 기업 대출을 원하시나요?
고객: 개인 대출을 신청하고 싶습니다.
직원: 대출 기간과 금액은 대략 어느 정도인가요?
고객: 인민폐 50,000위안을 1년 기한으로 빌리고 싶습니다.
직원: 네, 대출 신청서를 작성해 주세요.
고객: 네, 바로 작성하겠습니다.

제7과 상점

상용 표현

1. 이거 얼마예요?
2. 너무 비싸요. 조금 싸게 해주실 수 있나요?
3. 이거 살게요.
4. 사과 한 근 달아 주세요.

 5. 조금 더 주세요.

 6. 됐습니다. 감사합니다.

 7. 시험 삼아 해봐도 되나요?

 8. 제가 좀 볼게요.

 9. 너무 작아요.

10. 포장해주세요.

11. 합계 얼마예요?

12. 잔돈 거슬러 드릴게요.

13. 카드로 결제할 수 있나요?

14. 다른 색상도 좀 보고 싶습니다.

15. 이거 할인되나요?

16. 다른 것도 필요하신가요?

17. 바나나 두 근 주세요.

18. 이것 좀 들어 주시겠어요?

19. 이거 다른 디자인도 있나요?

20. 어떤 사이즈의 컵을 원하시나요?

상황 1

점원: 무엇을 사시겠어요?

손님: 토마토는 한 근에 얼마인가요?

점원: 한 근에 1.40위안 입니다. 몇 근 드릴까요?

손님: 두 근 주세요.

점원: 다른 것도 필요하신가요?

손님: 됐습니다.

상황 2

손님: 사장님, 바나나는 한 근에 얼마예요?

노점상: 한 근에 1.80위안인데, 한 근 드릴까요?

손님: 그렇게나 비싸요?

노점상: 비싸다고요?! 이 바나나 좀 보세요, 크고 달아요!

손님: 이 바나나는 좋긴 좋은데 가격이 너무 비싸네요. 조금 싸게 해주실 수 있나요?

노점상: 얼마나 필요하세요?

손님: 조금 싸게 해주시면, 두근 살게요.

노점상: 흥정을 참 잘하시네요. 좋아요, 한 근에 1.40위안 어때요?

손님: 좋아요. 두 근 달아 주세요.

노점상: 다른 것도 필요하신가요?

손님: 배도 한 근 달아 주세요.

노점상: 배는 한 근에 1.90위안 입니다.
손님: 좋아요, 총 얼마인가요?
노점상: 모두 4.70위안 입니다.
손님: 5위안 드릴게요.
노점상: 0.30위안 거슬러 드릴게요.
노점상: 안녕히 가세요!
손님: 안녕히 계세요!

상황 3

손님: 사장님, 저에게 저 천 신발 좀 보여 주세요.
점원: 사이즈가 어떻게 되세요?
손님: 26호입니다.
점원: 이거 한번 보세요.
손님: 신어 봐도 될까요?
점원: 됩니다.
손님: 잘 맞네요. 한 켤레에 얼마인가요?
점원: 22.80위안 입니다.
손님: 좋아요, 이걸로 살게요.
점원: 계산대에서 계산해주세요.

상황 4

손님: 안녕하세요, 여기 오렌지 주스 있나요?
직원: 있습니다. 어떤 사이즈의 컵을 원하시나요?
손님: 중간 사이즈요. 한 잔에 얼마인가요?
직원: 한 잔에 10위안 입니다.
손님: 얼음 추가할 수 있나요?
직원: 네, 얼음 추가는 추가 요금 없습니다.
손님: 네. 오렌지 주스 두 잔에 설탕 조금 넣어 주세요.
직원: 네, 잠시만 기다려 주세요. 준비해드리겠습니다.
손님: 총 얼마인가요?
직원: 20위안 입니다.
손님: 여기 20위안 드릴게요.
직원: 거스름돈은 없습니다. 방문해주셔서 감사합니다!
손님: 안녕히 계세요!

제8과 병원

상용 표현

1. 접수하고 싶습니다.
2. 진료 기록을 보여주세요.
3. 접수증 드리겠습니다.
4. 접수비는 얼마입니까?
5. 내과 접수할게요.
6. 오늘 전문의 진료가 있나요?
7. 의사 선생님, 제가 몸이 아픕니다.
8. 어떤 증상이 있나요?
9. 열이 납니다.
10. 체온을 좀 재주세요.
11. 기침과 두통이 있습니다.
12. 의사 선생님이 저에게 약을 처방해주었습니다.
13. 주사를 맞아야 합니다.
14. 휴식에 신경을 쓰세요.
15. 물을 많이 마시면 회복에 도움이 됩니다.
16. 처방전을 가지고 가서 약을 받을게요.
17. 약은 식후에 복용해야 합니다.
18. 이 물약은 외용입니다.
19. 재진 시간은 언제인가요?
20. 진료를 마친 후, 정해진 시간에 재진하세요.

상황 1

환자: 선생님, 접수할게요.
접수원: 진료 기록은요?
환자: 여기요. 접수비는 얼마입니까?
접수원: 2위안입니다. 어느 과 접수하시나요?
환자: 내과요.
접수원: 접수증 드릴게요.
(내과에서)
환자: 선생님, 제가 몸이 아픕니다.
의사: 어떤 증상이 있나요?
환자: 머리가 아프고, 기침이 나고, 코가 막히고, 전신에 힘이 하나도 없고 밥도 못 먹겠어요.
의사: 열이 있나요?
환자: 조금 있는 것 같아요. 아마 38도쯤 되는 것 같습니다.

의사: 자, 상의를 벗고 체온을 좀 재봅시다.

음, 38도네요. 열이 있습니다. 입을 벌리고 '아—' 해 보세요.

됐습니다. 목에 약간 염증도 있네요. 며칠 되었나요?

환자: 2~3일 됐어요. 선생님, 무슨 병인가요?

의사: 감기입니다. 큰 문제는 아니에요. 약을 좀 처방해 드리고 주사 두 대 놔드릴게요.

휴식에 신경을 쓰시고, 물을 많이 드세요. 좋아지지 않으면 다시 오세요.

환자: 네, 감사합니다.

상황 2

환자: 선생님, 접수 할게요.

접수원: 진료 기록 보여주세요.

환자: 여기 있습니다.

접수원: 이건 회사 진료 기록이라 여기서는 사용할 수 없습니다.

저희 병원 진료 기록을 구입하셔야 합니다.

환자: 얼마인가요?

접수원: 6위안이고, 접수비까지 해서 총 8위안입니다.

환자: 아참, 오늘 내과에 전문의 진료가 있나요?

접수원: 확인해 볼게요. 있습니다. 내과 주임 왕 교수님 진료입니다.

번호가 두 개밖에 안 남았는데, 딱 맞춰서 오셨네요.

환자: 그럼, 전문의 진료로 접수할게요.

접수원: 10위안입니다.

(환자가 접수증을 가지고 내과 전문의 진료실에 도착해서 들어가려고 하자)

간호사: 죄송합니다. 우선 여기서 번호를 받고 호명하면 들어가세요.

환자: 죄송합니다, 죄송해요.

(진료 받고, 처방전을 가지고 수납처에 가서 줄을 서서)

환자: 계산 할게요.

수납원: (처방전을 보고) 여긴 가격이 적혀있지 않네요. 우선 가격을 기입해 오세요.

환자: 어디에서 가격을 기입해주나요?

수납원: 바로 옆이요.

(환자가 약값 계산대에 가서)

환자: 선생님, 계산 할게요.

수납원: 죄송합니다. 여기는 한약 가격 계산하는 곳이고, 양약은 맞은편입니다.

환자: 맙소사, 완전히 헷갈렸네요.

(마지막으로 약 받는 곳에 도착해서)

환자: 약 받으러 왔습니다.

약사: 죄송합니다. 제일 마지막 약은 품절됐어요. 의사 선생님께 다른 약으로 바꿔달라고 하시겠습니까?

환자: 품절됐다구요? 됐습니다. 어차피 의사 선생님이 푹 좀 쉬면 며칠 지나서 좋아질 거라고 하셨
　　　어요. 이러다가 오히려 심장병 걸리겠어요. 이 약은 어떻게 먹나요?
약사: 이 알약은 식후에 드시는데, 하루 세 번, 한 번에 한 알씩 미지근한 물로 드세요. 이 물약은
　　　외용이니 드시면 안 됩니다. 자세한 설명은 약 봉투에 적혀 있습니다.
환자: 감사합니다.

상황 3

환자: 선생님, 건강검진을 받고 싶습니다.
접수원: 네, 우선 신분증을 보여주세요.
환자: 여기 있습니다.
접수원: 종합 검진을 원하시나요, 아니면 단일 항목 검사를 원하지나요?
환자: 종합 검진이요.
접수원: 알겠습니다. 우선 내과에 가서 혈압과 일반 혈액검사를 받으세요.
(내과에서)
의사: 안녕하세요. 혈압 측정 좀 부탁드립니다.
환자: 네.
의사: 혈압은 정상입니다. 이어서 채혈을 하겠습니다.
환자: 네, 감사합니다.

상황 4

환자: 안녕하세요, 이가 아픕니다.
접수원: 치과 접수하시겠습니까?
환자: 네.
접수원: 접수증 드릴게요. 치과 진료실로 가세요.
(치과에서)
치과 의사: 치통이 얼마나 됐나요?
환자: 이틀 됐어요.
치과 의사: 제가 좀 볼게요. 입을 벌려 보세요.
환자: 네.
치과 의사: 충치가 있습니다. 이를 때워야겠네요.
환자: 네, 부탁드립니다.
치과 의사: 이를 때운 후에는 구강 위생에 신경을 쓰시고, 제때 재진을 받으세요.
환자: 감사합니다, 선생님.

제9과 영화관

상용 표현

1. 지금도 표를 살 수 있나요?
2. 저희는 조금 뒤쪽 자리로 바꾸고 싶습니다.
3. 이 영화는 몇 시에 시작하나요?
4. 남아 있는 좌석은 어떤 것들이 있나요?
5. 이곳의 냄새가 너무 심해서, 견디기가 좀 힘들다.
6. 입구는 어디에 있나요?
7. 저희는 붙어 있는 좌석 두 장을 원합니다.
8. 이게 오늘 마지막 회차입니다.
9. 먼저 안내 데스크에 가서 물어볼까?
10. 우리 상영관을 잘못 들어온 거 아니야?
11. 표에 몇 열 몇 번이라고 적혀 있는지 봐.
12. 우리를 같이 배정해 줄 수 있나요?
13. 여기 너무 시끄러운데, 자리 좀 바꿀 수 있나요?
14. 영화 곧 시작되니까, 우리 빨리 들어가자.
15. 오늘 사람이 많은데, 만석일까?
16. 나 아직 표를 못 받았어.
17. 우리 음료수 좀 사고 나서 들어가자.
18. 나 곧 도착하니까, 너 먼저 들어가.
19. 이 영화, 듣자하니 재미있다던데.
20. 지정 좌석에 앉으세요, 마음대로 자리 바꾸지 마세요.

상황 1

학생 A: 어? 표에 4시 상영 시작이라고 적혀 있네,
　　　　 내 기억에 우리가 산 건 3시 30분 회차 같은데.
학생 B: 정말? 내가 좀 볼게······ 아이고, 매표원이 실수한 것 같은데.
학생 A: 그럼 어떻게 하지? 우리 안내 데스크에 가서 좀 물어봐야 하지 않을까?
학생 B: 그래. 표를 바꿀 수 있을지도 모르니까. 가보자.
(안내 데스크에서)
학생 A: 안녕하세요. 표를 좀 바꾸고 싶은데요, 방금 회차를 잘못 샀어요.
직원: 가능합니다. 3시 30분 걸로 바꾸실래요? 마침 아직 빈자리가 있네요.
학생 B: 너무 잘 됐네요! 감사합니다.

상황 2

학생 A: 우리 먼저 자리부터 찾자. 7열 12번이랑 14번.

학생 B: 그러자. (그런데) 이곳은 냄새가 너무 심하다. 앞사람이 팝콘을 엄청 많이 샀어.

학생 A: 그러게, 견디기가 좀 힘들다. 뒷줄로 바꿀 수 있는지 물어볼까?

학생 B: 가보자, 직원 찾아가서 물어보자.

(안내 데스크에서)

학생 A: 안녕하세요. 혹시 조금 뒤쪽 자리로 바꿀 수 있을까요?
　　　　이쪽은 냄새가 좀 심해서요.

직원: 네, 한번 볼게요…… 음, 9열에 붙어 있는 두 자리가 있는데, 원하세요?

학생 B: 네, 네, 네! 9열로 할게요!

상황 3

학생 A: 너 왜 아직도 안 와? 영화 5분 있으면 시작하는데.

학생 B: 음료 파는 쪽에 있는데, 입구를 못 찾겠어.

학생 A: 뭐? 입구는 오른쪽이야. 조금 뒤로 가면 보일 거야.

학생 B: 알겠어, 바로 갈게. 표는 네가 가지고 있지?

학생 A: 응, 내가 가지고 있어. 들어가서 6열 16번이랑 18번이야.

학생 B: 알겠어! 2분만 기다려.

학생 A: 그래, 서둘러. 시작 부분 놓치지 말고!

상황 4

학생 A: 지금 3시 20분인데, 3시 40분 영화가 있네. 곧 시작하니까, 우리 영화보고 갈까?

학생 B: 좋아! 나는 지금까지 중국 영화를 본 적이 없어! 그런데, 지금 표를 살 수 있을까?
　　　　만원 아닐까?

학생 A: 괜찮아, 표를 못 사면 가끔 상영 전에 환불하는 표를 기다려도 되거든.
　　　　가 보기나 하자.

학생 B: 좋아. 오늘 《패왕별희》인데, 듣자하니 이 영화 아주 유명하다고 하던데, 그래?

학생 A: 응. 내가 표 살게. 저기, 이번 회차 표 두 장 주세요. 네?
　　　　이게 남아 있는 마지막 두 장이라고요?
　　　　정말 운 좋네. 우리 들어가자.

(영화관에 들어가서)

학생 A: 이쪽으로 가자. 이쪽은 짝수 번호고, 저쪽은 홀수 번호야.
　　　　우리 표는 아래층 6열 18번이랑 20번이야. 붙어 있어.

학생 B: 알겠어. 그런데, 우리 조금 뒤에 앉으면 안 될까?
　　　　너무 앞쪽은 눈에 안 좋아.

학생 A: 어쩔 수 없어. '표에 의거해서 입장하시고, 지정 좌석에 앉으세요'라고 표에 적혀 있어서.
　　　　규정이니까 아쉬운 대로 그냥 조금 참자.

학생 B: 그래. 다음에 영화 볼 때는 좀 더 일찍 오면 되겠지.

제10과 우체국

상용 표현

1. 소포를 부치고 싶습니다.
2. 소포를 해외로 부칠 수 있나요?
3. 소포의 무게가 얼마인가요?
4. 국제 소포는 세관신고서를 작성해야 합니다.
5. 세관신고서를 가져오셨나요?
6. 현장에서 작성하실 수 있습니다.
7. 물품 이름과 가치를 사실대로 기입해 주세요.
8. 제가 대신 무게를 달고 우편 요금을 계산해 드릴게요.
9. 인민폐 총 200위안 입니다.
10. 현금으로 드려도 되나요?
11. 비용을 받은 후 부칠 수 있습니다.
12. 제가 소포 수령 통지서를 받았습니다.
13. 신분증이나 학생증을 제시해주세요.
14. 통지서 뒷면에 당신의 성명과 증명서 번호를 적어주세요.
15. 물건에 이상이 없는지 확인해 주세요.
16. 규정에 따라 소포 안에는 편지를 끼워 넣을 수 없습니다.
17. 소포를 보낼 때는 먼저 직원에게 검사를 받아야 합니다.
18. 제가 그걸 뜯어서 보여드릴게요.
19. 증명서 가져오는 거 잊지 마세요.
20. 즐겁게 지내시기를 바랍니다!

상황 1

학생 A: 아저씨, 미국으로 국제 소포를 보내고 싶은데요.
직원: 네, 소포 무게가 얼마나 되나요?
학생 A: 대략 3킬로그램 정도 되는데요.
직원: 국제 소포는 세관신고서를 작성해야 하는데, 가져오셨나요?
학생 A: 아이고, 가져오는 걸 깜빡했네요. 현장에서 작성해도 되나요?
직원: 물론이죠. 양식을 드릴 테니 물품 이름과 가격을 사실대로 적어주세요.
학생 A: 네, 다 작성했습니다.
직원: 좋습니다. 제가 무게 재고 나서 우편 요금을 계산해 드릴게요. 총 200위안입니다.
학생 A: 현금 드려도 되나요?
직원: 네, 비용을 받은 후 부칠 수 있습니다.

상황 2

학생 A: 아저씨, 소포 수령 통지서를 받아서, 소포 찾으러 왔습니다.
직원: 네, 신분증이나 학생증을 보여주세요.
학생 A: 이건 제 학생증입니다.
직원: 통지서 뒷면에 성명과 증명서 번호를 적어주세요.
학생 A: 다 적었습니다.
직원: 네, 이것이 고객님의 소포입니다. 물건에 이상이 없는지 확인해 주세요.
학생 A: 모두 문제없습니다. 감사합니다!
직원: 천만에요. 즐겁게 지내시기를 바랍니다!

상황 3

학생: 아저씨, 소포 하나 보내려고요.
직원: 검사하게 열어주세요.
학생: 네? 검사도 해야 하나요? 겨우 봉해놨는데!
직원: 죄송하지만, 소포를 부칠 때는 우체국 직원이 먼저 검사하고, 규정에 맞아야 봉할 수 있거든요.
학생: 하지만 제가 부치는 건 전부 책인데요.
직원: 규정상 인쇄물은 모두 검사해야 해요.
학생: 알겠습니다. 그럼 뜯어서 보여 드릴게요.
　　　소포 수령증 한 장 주실 수 있나요?
직원: 네. 받는 사람의 이름과 주소를 정확히 쓰고,
　　　보내는 사람의 이름과 주소도 적어 주세요. 어, 이건 뭐죠?
학생: 편지인데, 놀랄 일인가요?
직원: 규정에 따라 소포 안에는 편지를 끼워 넣을 수 없습니다.
학생: 맙소사, 왜 이렇게 규정이 많지요!
직원: 됐습니다, 검사 끝났습니다.

상황 4

학생 A: 샤오왕, 그저께 엄마한테 편지를 한 통 받았는데 뭘 좀 보내셨다고 하셨어. 그런데 소포 수령
　　　　통지서를 아직 못 받았는데, 혹시 분실된 건 아니겠지?
학생 B: 그럴 리 없을 거야. 일반적으로 소포는 며칠 늦게 도착하기도 하거든.
학생 A: 그럼 안심이네. 우체국에 물어보러 갈 필요 없겠다.
학생 B: 참, 소포 찾으러 갈 때 증명서 꼭 챙겨가야 해.
학생 A: 무슨 증명서?
학생 B: 학생증이나 여권 다 되고, 통지서 뒷면에 네 성명과 증명서 명칭, 번호를 적어야 해.
학생 A: 내 증명서들 어디에 뒀는지 모르겠는데. 빨리 찾아봐야겠다.

학생 B: 너 건망증이 심하구나. 통지서 오면 바로 가서 찾아야 해.

학생 A: 왜?

학생 B: 3일 지나면 우체국에서 보관료를 받거든.

학생 A: 괜찮아! 난 지금이라도 당장 찾으러 갈 생각이거든. 듣자하니 소포 안에 맛있는 게 잔뜩 들어 있다고 하시더라고.

학생 B: 먹는 거 밝히기는!

제11과 사진관

상용 표현

1. 여권용 사진을 찍고 싶습니다.
2. 컬러로 하실 건가요 아니면 흑백으로 하실 건가요?
3. 빨리 처리해 주실 수 있나요?
4. 급하게 필요합니다.
5. 몇 장 필요하신가요?
6. 2촌(寸)짜리 네 장 필요합니다.
7. 총 얼마인가요?
8. 6위안 드릴게요.
9. 0.50위안 거슬러 드릴게요.
10. 두 시간 후에 찾으실 수 있습니다.
11. 모자를 벗어주세요.
12. 머리를 좀 정리해주세요.
13. 똑바로 앉으세요.
14. 눈은 이쪽을 보세요.
15. 하나, 둘, 셋, 웃으세요!
16. 내일 낮에 사진 찾으러 오세요.
17. 머리 정리를 도와주실 수 있나요?
18. 자연스럽게 웃으세요.
19. 준비, 찍습니다!
20. 움직이지 마세요.

상황 1

학생: 선생님, 여권용 사진을 찍고 싶은데요.

직원: 네, 컬러로 하실 건가요 아니면 흑백으로 하실 건가요?

학생: 컬러로요. 급하게 필요한데, 좀 빨리 해주실 수 있나요?

직원: 가능합니다. 최대한 당일 처리해드릴게요. 몇 장 필요하세요?

학생: 2촌(寸)짜리 네 장이요.

직원: 네, 총 5.50위안 입니다.

학생: 6위안 드릴게요.

직원: 0.50위안 거슬러 드릴게요. 사진은 두 시간 후에 찾으실 수 있어요.

학생: 네, 감사합니다!

상황 2

학생: 아저씨, 학생증용 사진을 찍으려고요.

사진사: 네, 2촌(寸)짜리죠?

학생: 네, 흑백으로 네 장이요.

사진사: 모자 벗고, 머리 좀 정리하고, 똑바로 앉으세요.

학생: 네, 이렇게 하면 되나요?

사진사: 네, 눈은 이쪽을 보세요. 하나, 둘, 셋, 웃으세요.

학생: 네. 감사합니다!

사진사: 천만에요. 오후 3시에 사진 찾으러 오세요.

상황 3

학생: 아저씨, 저희 가족 단체사진을 찍고 싶은데요.

사진사: 네, 모두 똑바로 서 주세요. 부모님은 뒤에, 아이들은 앞에.

학생: 머리 좀 정리해 주실 수 있나요?

사진사: 물론이죠. 머리를 조금 더 가까이 하고, 자연스럽게 웃으세요.

학생: 네, 렌즈를 보면 되나요?

사진사: 네, 준비, 하나, 둘, 셋, 찍습니다! 됐습니다!

학생: 너무 좋네요. 감사합니다!

사진사: 천만에요. 내일 낮에 사진 찾으러 오세요.

상황 4

학생: 선생님, 여기서 반신 탈모(脫帽) 표준 규격 사진 찍을 수 있나요?

직원: 네. 흑백으로 하실 건가요 아니면 컬러로 하실 건가요?

학생: 컬러로요. 급하게 써야 하는데, 빨리 될까요?

직원: 컬러는 안 되고, 흑백은 가능합니다.

학생: 그럼 흑백으로 할게요. 네 장 필요합니다.

직원: 크기는요? 1촌(寸)으로 아니면 2촌(寸)으로?

학생: 2촌(寸)이요.

직원: 4.80위안 입니다.

학생: 5위안 드릴게요.

직원: 0.20위안 거슬러 드릴게요. 여기 영수증 있습니다.

　　　영수증을 가지고 촬영실로 가서 촬영하시고, 오늘 오후 5시에 찾으러 오세요.

　　　사진 찾을 때 영수증 가져오는 거 잊지 마세요.

학생: 네, 감사합니다.

(촬영실에서)

학생: 아저씨, 바쁘세요?

사진사: 아, 사진 찍으시게요?

학생: 네, 2촌(寸)짜리 흑백사진 찍을 건데, 여기 맞나요?

사진사: 네, 잠시만 기다리세요…… 자, 저쪽 의자에 똑바로 앉으시고, 모자를 벗으세요.

학생: 이렇게 하면 되나요?

사진사: 한번 볼게요. 앞머리를 조금 올려서 눈을 가리지 않게 하세요.

　　　네, 좋아요. 몸을 조금 더 돌리고, 고개를 약간 들고, 똑바로 앉으세요. 눈은 이쪽을 보시고,

　　　제가 하나, 둘, 셋 하면 웃으세요.

　　　좋아요, 움직이지 마세요. 찍습니다. 하나, 둘, 셋, 웃어요. 됐습니다.

학생: 감사합니다. 안녕히 계세요!

사진사: 안녕히 가세요!

MEMO

제1과 전화

(1)
1. B	2. A
3. B	4. A
5. D	6. B
7. A	8. A
9. A	10. A

(2)
1. 方便	2. 留言
3. 开会	4. 好像
5. 来电	6. 麻烦
7. 光临	8. 声音
9. 明天	10. 愉快

(3)
1. 到	2. 转
3. 告诉	4. 纸 / 笔
5. 挂	

(4)
1. 我是小张的朋友。	2. 请您等一会儿。
3. 小王有事找她。	4. 今晚六点半到小王家里去一下。
5. 别把电话挂上。	

(5)
1. 번거로우시겠지만, 그에게 좀 전해 주실 수 있나요?
2. 세상에! [맙소사!]
3. 당신의 전화번호를 남겨 주실 수 있나요?
4. 거신 전화는 받는 사람이 없습니다.
5. 그녀가 돌아오면, 그녀로 하여금 당신에게 연락할 수 있도록 할게요.

제2과 교통

(1)
1. A	2. B
3. D	4. B
5. B	6. C
7. A	8. B
9. A	10. C

(2)
1. 坐	2. 下车
3. 上车	4. 海关
5. 托运	6. 随身携带
7. 安全检查	8. 出租(汽)车
9. 路线图	10. 登机口

(3)
1. 公交车	2. 张
3. 线	4. 和
5. 系	

(4)
1. 我要坐28路公交车。	2. 请帮我看一下路线图。
3. 我在下一站下车。	4. 请问去市中心坐哪条线?
5. 请把行李放在行李架上。	

(5)
1. 실례합니다, 기차역에 가려면 몇 번 버스를 타야 하나요?
2. 기차역까지 얼마나 걸리나요?
3. 하차 장소는 알아보기 쉽나요?
4. 아가씨, 실례합니다. 시 중심에 가려면 어느 노선을 타야 하나요?
5. 제 짐이 저와 같은 비행기로 도착하나요?

제3과 호텔

(1)
1. B	2. A
3. A	4. A
5. C	6. B
7. B	8. A
9. A	10. A

(2) 1. 房间   2. 今晚
     3. 一共   4. 刷卡
     5. 密码   6. 房卡
     7. 张   8. 办理
     9. 一下   10. 支付

(3) 1. 钥匙   2. 写
     3. 预订   4. 祝
     5. 在

(4) 1. 您好，我要退房。   2. 请您稍等。
     3. 这是我的身份证。   4. 这是您的房间钥匙。
     5. 密码写在房卡上。

(5) 1. 숙박부를 작성해 주세요.   2. 518호실에 묵으십니다.
     3. 1인실 하나를 예약하고 싶습니다. 오늘 밤 입실합니다.
     4. 총 600위안입니다.   5. 즐거운 여행 되세요!

제4과 식당

(1) 1. B   2. B
     3. B   4. A
     5. B   6. A
     7. D   8. B
     9. A   10. B

(2) 1. 点   2. 吃不下
     3. 醉   4. 结账
     5. 大盘   6. 饮料
     7. 啤酒   8. 炒面
     9. 可乐   10. 请客

(3) 1. 欢迎   2. 再
     3. 还   4. 结
     5. 稍

(4) 1. 请问几位用餐?
     3. 再来一盘宫爆鸡丁。
     5. 今天我请客。

2. 来三碗米饭。
4. 主食吃什么?

(5) 1. 우리 먼저 요리 몇 가지를 시킵시다.
     3. 제가 계산할게요.
     5. 저희는 세 명입니다.

2. 조금 기다려 주세요.
4. 무엇을 좀 마시겠습니까?

제5과 은행

(1) 1. B
     3. B
     5. A
     7. B
     9. A

2. B
4. B
6. A
8. C
10. A

(2) 1. 取(钱)
     3. 申请表
     5. 汇率
     7. 现金
     9. 贷款

2. 交易明细
4. 还款
6. 美元
8. 定期存款
10. 账户

(3) 1. 填
     3. 兑换
     5. 张

2. 还是
4. 存, 存

(4) 1. 我存钱一年。
     3. 我换一百美元。
     5. 我想申请个人贷款。

2. 请帮我查询账户余额。
4. 请您先填一张存款单。

(5) 1. 정기예금의 이자는 얼마입니까?
     3. 얼마 바꾸시겠습니까?
     5. 대출 신청서를 작성해주세요.

2. 당신은 어느 나라 사람입니까?
4. 5만 위안을 빌리고 싶습니다.

제6과 복습 Ⅰ

[1과 복습]
(1)　1. 이 선생님이신가요?

2. 지금 통화 가능하신가요?

3. 여보세요, 안녕하세요. 여기는 베이징 회사입니다.

4. 누구를 찾으시나요?

5. 그는 지금 자리에 없습니다. 무슨 일이신가요?

6. 제가 대신 메시지를 남겨드릴까요?

7. 편하실 때 저에게 전화 주세요.

8. 지금 회의 중이라, 잠시 후 연락드리겠습니다.

9. 거신 전화는 받는 사람이 없습니다.

10. 통화 중입니다. 잠시 후 다시 걸어 주세요.

11. 죄송합니다. 신호가 안 좋아서 잘 들리지 않습니다.

12. 목소리가 조금 작습니다.

13. 다시 한 번 말씀해 주세요.

14. 저에게 위챗이나 이메일을 보내주실 수 있나요?

15. 전화가 끊어진 것 같다.

16. 내일 다시 연락합시다.

17. 제가 다시 전화드리겠습니다.

18. 번거로우시겠지만, 잠시 후에 저에게 전화 좀 부탁드립니다.

19. 전화 주셔서 감사합니다.

20. 안녕히 계세요. 즐거운 하루 되세요!

(2)　1. 方便　　　　　　　　2. 留言

3. 开会　　　　　　　　4. 好像

5. 来电　　　　　　　　6. 麻烦

7. 光临　　　　　　　　8. 声音

9. 明天　　　　　　　　10. 愉快

[2과 복습]
(1)　1. 실례지만, 여기서 기차역까지 어떻게 가나요?

2. 다음 버스는 몇 시에 오나요?

3. 이 차는 시 중심으로 가나요?　　　4. 어디서 환승하나요?

5. 지하철표 두 장 주세요.　　　6. 이 노선은 공항까지 가나요?

7. 이동 시간은 대략 얼마나 되나요?　　　8. 노선도를 좀 봐 주시겠어요?

9. 저는 다음 정류장에서 내립니다.　　　10. 기사님, 잠시 세워주세요.

11. 공항 급행은 어디서 타나요?
12. 여기서 교통카드를 살 수 있나요?
13. 짐을 짐 받이 선반 위에 올려 주세요.
14. 종점에서 환승합니다.
15. 역 도착 시간을 확인하고 싶습니다.
16. 차표를 보여주세요.
17. 이 길은 지금 좀 막힌다.
18. 택시 한 대 불러 주실 수 있나요?
19. 항공편은 몇 시에 탑승 시작하나요?
20. 휴대품을 잘 보관해주세요.

(2)　1. 坐
2. 下车
3. 上车
4. 海关
5. 托运
6. 随身携带
7. 安全检查
8. 出租(汽)车
9. 路线图
10. 登机口

[3과 복습]
(1)　1. 안녕하세요, 혹시 방이 있나요?
2. 저는 1인실을 예약하고 싶습니다.
3. 1박에 얼마인가요?
4. 침대 하나가 필요합니다.
5. 체크인(입실) 수속을 도와주세요.
6. 이것은 제 신분증입니다.
7. 현금으로 결제해도 되나요?
8. 방 안에 전화가 있나요?
9. 욕실이 딸린 방을 원합니다.
10. 방 열쇠 하나 주세요.
11. 몇 일 묵으시나요?
12. 택시를 불러 주실 수 있나요?
13. 숙박 기간을 연장하고 싶습니다.
14. 아침 식사는 몇 시에 시작하나요?
15. 방을 한 번 볼 수 있을까요?
16. 와이파이 비밀번호가 몇 번인가요?
17. 제 방이 너무 덥습니다.
18. 세탁 서비스는 어디에 있나요?
19. 체크아웃하고 싶습니다.
20. 도와주셔서 감사합니다!

(2)　1. 房间
2. 今晚
3. 一共
4. 刷卡
5. 密码
6. 房卡
7. 张
8. 办理
9. 一下
10. 支付

[4과 복습]
(1)　1. 자리 있나요?
2. 저희는 두 사람 자리를 원합니다.
3. 메뉴판 주실 수 있나요?
4. 추천 요리가 있나요?
5. 宫保鸡丁 한 개 주세요.
6. 물 한 주전자 주세요.
7. 이 요리 맵나요?
8. 우선 이 요리들 주세요.
9. 밥 하나 더 주세요.
10. 언제쯤 요리가 나올까요?
11. 주스 좀 마시고 싶어요.
12. 맥주 두 잔 주세요.

13. 큰 잔이요 아니면 작은 잔이요?
14. 충분합니다, 감사합니다.
15. 급하지 않으니, 천천히 해주세요.
16. 계산해 주세요, 감사합니다.
17. 오늘은 제가 살게요.
18. 너무 친절하시네요.
19. 카드로 결제할 수 있나요?
20. 남은 것은 팁입니다. 받아 주세요.

(2)
1. 点
2. 吃不下
3. 醉
4. 结账
5. 大盘
6. 饮料
7. 啤酒
8. 炒面
9. 可乐
10. 请客

[5과 복습]
(1)
1. 안녕하세요, 어떤 업무를 보시겠습니까?
2. 예금 계좌를 개설하고 싶습니다.
3. 현금을 예금할 수 있나요?
4. 정기예금 이자는 얼마인가요?
5. 돈을 (일부) 인출하고 싶습니다.
6. 계좌 잔액을 조회해주세요.
7. 달러로 환전하고 싶습니다.
8. 오늘 환율이 얼마인가요?
9. 외화 환전 업무를 보고 싶습니다.
10. 출금신청서가 필요합니다.
11. 개인 대출을 원하시나요, 아니면 기업 대출을 원하시나요?
12. 개인 대출을 신청하고 싶습니다.
13. 대출 기간은 얼마나 선택할 수 있나요?
14. 대출 금리는 얼마인가요?
15. 조기 상환하고 싶은데, 가능할까요?
16. 거래 내역을 출력해주세요.
17. 은행카드로 결제할 수 있나요?
18. 제 계좌에 마이너스 한도가 있나요?
19. 인터넷 뱅킹을 개설할 수 있나요?
20. 은행카드 분실신고를 해야 합니다.

(2)
1. 取(钱)
2. 交易明细
3. 申请表
4. 还款
5. 汇率
6. 美元
7. 现金
8. 定期存款
9. 贷款
10. 账户

제7과 상점

(1)
1. A
2. A
3. A
4. C
5. A
6. A
7. A
8. A

      9. A   10. A

(2)
1. 香蕉   2. 苹果
3. 番茄[西红柿]   4. 布鞋
5. 双   6. 交款台
7. 一共   8. 零钱
9. 橙汁   10. 稍等

(3)
1. 问   2. 给
3. 是   4. 帮
5. 给

(4)
1. 我要买这个。   2. 给我称两斤梨。
3. 可以试试这双鞋吗?   4. 能便宜一点儿吗?
5. 这个有其他款式吗?

(5)
1. 조금 싸게 해줄 수 있나요?   2. 이 바나나는 좋긴 좋은데, 가격이 너무 비싸네요
3. 저에게 포장해주세요.   4. 이거 다른 디자인 있나요?
5. 이 신발을 좀 신어 봐도 될까요?

제8과 병원

(1)
1. B   2. B
3. C   4. A
5. A   6. A
7. A   8. B
9. A   10. A

(2)
1. 挂号   2. 挂号单
3. 专家门诊   4. 病历
5. 症状   6. 量体温
7. 打针   8. 开药
9. 饭后服   10. 复诊

(3)
1. 都   2. 给
3. 服   4. 挂

5. 门诊

(4) 1. 我挂一个号。　　　　　2. 请您出示病历。
　　 3. 我要取药。　　　　　　4. 请先出示身份证。
　　 5. 补完牙后注意按时复诊。

(5) 1. 체온을 좀 재주세요.
　　 2. 저는 머리가 아프고, 기침이 나고, 코가 막히고, 전신에 힘이 하나도 없습니다.
　　 3. 약은 식후에 복용해야 합니다.
　　 4. 치과 진료실로 가세요.
　　 5. 어떤 증상이 있나요?

제9과 영화관

(1) 1. B　　　　　　　　　　2. A
　　 3. A　　　　　　　　　　4. A
　　 5. A　　　　　　　　　　6. B
　　 7. A　　　　　　　　　　8. A
　　 9. A　　　　　　　　　 10. A

(2) 1. 开演　　　　　　　　　2. 票
　　 3. 座位　　　　　　　　　4. 客满
　　 5. 服务台　　　　　　　　6. 入口
　　 7. 按排　　　　　　　　　8. 连座
　　 9. 饮料　　　　　　　　 10. 走运

(3) 1. 场次　　　　　　　　　2. 错
　　 3. 服务台　　　　　　　　4. 好
　　 5. 找

(4) 1. 这边味道有点儿大。　　2. 票上写着几排几号。
　　 3. 电影快开演了。　　　　4. 售票员可能弄错了。
　　 5. 这里太吵了。

(5) 1. 표에 4시 상영 시작이라고 적혀 있다.　　2. 매표원이 실수한 것 같다.
　　 3. 우리 안내데스크에 가서 좀 물어봐야 하지 않을까?

4. 마침 아직 빈자리가 있다.
5. 이곳은 냄새가 좀 심하다.

제10과 우체국

(1)
1. A	2. B
3. B	4. B
5. C	6. B
7. B	8. A
9. B	10. D

(2)
1. 寄	2. 称重
3. 填表	4. 收到
5. 身份证	6. 学生证
7. 检查	8. 夹带
9. 现金	10. 包裹

(3)
1. 张	2. 斤
3. 填	4. 按照
5. 把	

(4)
1. 我想寄一个包裹。	2. 请帮我称重并计算邮费。
3. 这是我的学生正。	4. 我得赶快找找。
5. 请出示您的身份证或者学生证。	

(5)
1. 국제 소포는 세관신고서를 작성해야 하는데, 가져오셨나요?
2. 통지서 뒷면에 당신의 성명과 증명서 번호를 적어주세요.
3. 규정에 따라 소포 안에는 편지를 끼워 넣을 수 없습니다.
4. 인민폐 총 200위안 입니다.
5. 아이고, 가져오는 걸 깜빡했네요. 현장에서 작성해도 되나요?

제11과 사진관

(1)
1. A	2. B
3. D	4. A
5. C	6. B

7. A	8. A
9. B	10. A

(2)
1. 照	2. 护照
3. 学生证	4. 合影
5. 帽子	6. 整理
7. 当天	8. 笑容自然
9. 准备	10. 照片

(3)
1. 照	2. 把
3. 时	4. 张
5. 还是	

(4)
1. 我照四张两寸照片。	2. 请帮我整理头发。
3. 两小时后来取照片。	4. 取照片时需要发票。
5. 可以加快处理吗?	

(5)
1. 모자를 벗어 주세요.	2. 두 시간 후에 찾으실 수 있습니다.
3. 칼라는 안 되고, 흑백은 가능합니다.	4. 자연스럽게 웃으세요.
5. 내일 낮에 사진 찾으러 오세요.	

제12과 복습 Ⅱ

[7과 복습]

(1)
1. 이거 얼마예요?	2. 너무 비싸요. 조금 싸게 해주실 수 있나요?
3. 이거 살게요.	4. 사과 한 근 달아 주세요.
5. 조금 더 주세요.	6. 됐습니다. 감사합니다.
7. 시험 삼아 해봐도 되나요?	8. 제가 좀 볼게요.
9. 너무 작아요.	10. 포장해주세요.
11. 합계 얼마예요?	12. 잔돈 거슬러 드릴게요.
13. 카드로 결제할 수 있나요?	14. 다른 색상도 좀 보고 싶습니다.
15. 이거 할인되나요?	16. 다른 것도 필요하신가요?
17. 바나나 두 근 주세요.	18. 이것 좀 들어 주시겠어요?
19. 이거 다른 디자인도 있나요?	20. 어떤 사이즈의 컵을 원하시나요?

(2)
1. 香蕉	2. 苹果
3. 番茄[西红柿]	4. 布鞋

5. 双
6. 交款台
7. 一共
8. 零钱
9. 橙汁
10. 稍等

[8과 복습]

(1)
1. 접수하고 싶습니다.
2. 진료 기록을 보여주세요.
3. 접수증 드리겠습니다.
4. 접수비는 얼마입니까?
5. 내과 접수할게요.
6. 오늘 전문의 진료가 있나요?
7. 의사 선생님, 제가 몸이 아픕니다.
8. 어떤 증상이 있나요?
9. 열이 납니다.
10. 체온을 재주세요.
11. 기침과 두통이 있습니다.
12. 의사 선생님이 저에게 약을 처방해주었습니다.
13. 주사를 맞아야 합니다.
14. 휴식에 신경을 쓰세요.
15. 물을 많이 마시면 회복에 도움이 됩니다.
16. 처방전을 가지고 가서 약을 받을게요.
17. 약은 식후에 복용해야 합니다.
18. 이 물약은 외용입니다.
19. 재진 시간은 언제인가요?
20. 진료를 마친 후, 정해진 시간에 재진하세요.

(2)
1. 挂号
2. 挂号单
3. 专家门诊
4. 病历
5. 症状
6. 量体温
7. 打针
8. 开药
9. 饭后服
10. 复诊

[9과 복습]

(1)
1. 지금도 표를 살 수 있나요?
2. 저희는 조금 뒤쪽 자리로 바꾸고 싶습니다.
3. 이 영화는 몇 시에 시작하나요?
4. 남아 있는 좌석은 어떤 것들이 있나요?
5. 이곳의 냄새가 너무 심해서, 견디기가 좀 힘들다.
6. 입구는 어디에 있나요?
7. 저희는 붙어 있는 좌석 두 장을 원합니다.
8. 이게 오늘 마지막 회차입니다.
9. 먼저 안내 데스크에 가서 물어볼까?
10. 우리 상영관을 잘못 들어온 거 아니야?
11. 표에 몇 열 몇 번이라고 적혀 있는지 봐.
12. 우리를 같이 배정해 줄 수 있나요?
13. 여기 너무 시끄러운데, 자리 좀 바꿀 수 있나요?
14. 영화 곧 시작되니까, 우리 빨리 들어가자.
15. 오늘 사람이 많은데, 만석일까?
16. 나 아직 표를 못 받았어.
17. 우리 음료수 좀 사고 나서 들어가자.
18. 나 곧 도착하니까, 너 먼저 들어가.
19. 이 영화, 듣자하니 재미있다던데.
20. 지정 좌석에 앉으세요, 마음대로 자리 바꾸지 마세요.

(2) 1. 开演   2. 票
     3. 座位   4. 客满
     5. 服务台   6. 入口
     7. 按排   8. 连座
     9. 饮料   10. 走运

[10과 복습]
(1) 1. 소포를 부치고 싶습니다.   2. 소포를 해외로 부칠 수 있나요?
     3. 소포의 무게가 얼마인가요?   4. 국제 소포는 세관신고서를 작성해야 합니다.
     5. 세관신고서를 가져오셨나요?   6. 현장에서 작성하실 수 있습니다.
     7. 물품 이름과 가치를 사실대로 기입해 주세요.
     8. 제가 대신 무게를 달고 우편 요금을 계산해 드릴게요.
     9. 인민폐 총 200위안 입니다.   10. 현금으로 드려도 되나요?
    11. 비용을 받은 후 부칠 수 있습니다. 12. 제가 소포 수령 통지서를 받았습니다.
    13. 신분증이나 학생증을 제시해주세요.
    14. 통지서 뒷면에 당신의 성명과 증명서 번호를 적어주세요.
    15. 물건에 이상이 없는지 확인해 주세요.
    16. 규정에 따라 소포 안에는 편지를 끼워 넣을 수 없습니다.
    17. 소포를 보낼 때는 먼저 직원에게 검사를 받아야 합니다.
    18. 제가 그걸 뜯어서 보여드릴게요.
    19. 증명서 가져오는 거 잊지 마세요.   20. 즐겁게 지내시기를 바랍니다!

(2) 1. 寄   2. 称重
     3. 填表   4. 收到
     5. 身份证   6. 学生证
     7. 检查   8. 夹带
     9. 现金   10. 包裹

[11과 복습]
(1) 1. 여권용 사진을 찍고 싶습니다.
     2. 컬러로 하실 건가요 아니면 흑백으로 하실 건가요?
     3. 빨리 처리해 주실 수 있나요?   4. 급하게 필요합니다.
     5. 몇 장 필요하신가요?   6. 2촌(寸)짜리 네 장 필요합니다.
     7. 총 얼마인가요?   8. 6위안 드릴게요.
     9. 0.50위안 거슬러 드릴게요.   10. 두 시간 후에 찾으실 수 있습니다.
    11. 모자를 벗어주세요.   12. 머리를 좀 정리해주세요.
    13. 똑바로 앉으세요.   14. 눈은 이쪽을 보세요.

15. 하나, 둘, 셋, 웃으세요!
17. 머리 정리를 도와주실 수 있나요?
19. 준비, 찍습니다!

16. 내일 낮에 사진 찾으러 오세요.
18. 자연스럽게 웃으세요.
20. 움직이지 마세요.

(2)
1. 照
2. 护照
3. 学生证
4. 合影
5. 帽子
6. 整理
7. 当天
8. 笑容自然
9. 准备
10. 照片

저 자 약 력

김 재 민

- 복단대학 문학박사
- 現, 한양여자대학교 실무중국어과 교수

서 희 명

- 복단대학 문학박사
- 現, 한양여자대학교 실무중국어과 교수

실전 중국어

초 판 인 쇄　2025년 12월 26일
초 판 발 행　2025년 12월 29일

저　　　자　김재민 · 서희명
발 행 인　윤석현
발 행 처　제이앤씨
책 임 편 집　최인노
등 록 번 호　제7-220호

우 편 주 소　서울시 도봉구 우이천로 353
대 표 전 화　02) 992 / 3253
전　　　송　02) 991 / 1285
홈 페 이 지　http://jncbms.co.kr
전 자 우 편　jncbook@hanmail.net

ⓒ 김재민 · 서희명 2025 Printed in KOREA.

ISBN 979-11-5917-263-2　　13720　　　　　　　　　정가 22,000원